全民阅读·经典小丛书

卡耐基
人性的弱点

KANAIJI RENXING DE RUODIAN

冯慧娟 编

吉林出版集团股份有限公司

版权所有　侵权必究

图书在版编目（CIP）数据

　　卡耐基人性的弱点 / [美] 卡耐基著；冯慧娟编.
—长春：吉林出版集团股份有限公司，2016.1
　　（全民阅读.经典小丛书）
　　ISBN 978-7-5534-6960-7

　　Ⅰ.①卡… Ⅱ.①卡… ②冯… Ⅲ.①心理交往—通俗读物 Ⅳ.① C912.1-49

　　中国版本图书馆 CIP 数据核字 (2016) 第 031605 号

KANAIJI RENXING DE RUODIAN

卡耐基人性的弱点

作　　者：	[美] 卡耐基　著　冯慧娟　编
出版策划：	孙　昶
选题策划：	冯子龙
责任编辑：	刘　洋
排　　版：	新华智品
出　　版：	吉林出版集团股份有限公司
	（长春市福祉大路 5788 号，邮政编码：130118）
发　　行：	吉林出版集团译文图书经营有限公司
	（http://shop34896900.taobao.com）
电　　话：	总编办 0431-81629909　　营销部 0431-81629880 / 81629881
印　　刷：	北京一鑫印务有限责任公司
开　　本：	640mm×940mm 1/16
印　　张：	10
字　　数：	130 千字
版　　次：	2016 年 7 月第 1 版
印　　次：	2019 年 6 月第 2 次印刷
书　　号：	ISBN 978-7-5534-6960-7
定　　价：	32.00 元

印装错误请与承印厂联系　　电话：18611383393

前言
FOREWORD

人类出版史上第三畅销书
你一生中最重要的一本书

　　和谐的人际关系、人人喜爱的形象、说服他人的口才、温馨甜蜜的家庭这些成就事业和幸福的元素，相信是每一个现代人都渴望拥有的。可是，如何才能够拥有这些呢？在《人性的弱点》一书里，卡耐基给出了明确的答案。

　　戴尔·卡耐基是美国著名心理学家和人际关系专家，被誉为"成人教育之父"，是20世纪最伟大的心灵导师。早在20世纪初，他就以其对人性弱点的深刻洞见，唤起无数迷惘者的斗志，激励人们获得辉煌的成功。

　　《人性的弱点》一书汇集了卡耐基先生的思想中最精华的内容。它在剖析人性的各种弱点的基础上，提出了一套令人怦然心动的人际关系学，使得整个人类的相处之道为之一新。不管你是公司职员、青年企业家、家庭主妇、学生或热恋中的情侣，这都是一本能让你思想更成熟、举止更

卡耐基人性的弱点

稳重的好书。它给予你新眼光、新志向,让你更受欢迎,更容易交到朋友,更能得到别人的认同,更能快速积累财富。

自20世纪30年代问世以来,《人性的弱点》已在世界各地被译成至少58种文字出版,全球总销售量已达九千万册,并拥有四亿多读者。除《圣经》及《论语》之外,这本书已成为人类出版史上位列第三的畅销书。

这本书是久经时间检验的一本书,也是能够改变你命运的一本书。其中所蕴含的成功哲学与处世技巧对当代年轻人来说,更是一个永恒的人生课题。

目录
CONTENTS

原著序
这本书的完成 / 009

Lesson 1
待人的基本技巧 / 013
　1. 如欲采蜜，勿蹴蜂房 / 014
　2. 与人相处的诀窍 / 024
　3. 左右逢源的方法 / 031

Lesson 2
使人喜欢你的 6 种方法 / 041
　1. 如果这样做，你将到处受欢迎 / 042
　2. 留给人良好印象的方法 / 048
　3. 牢记他人的名字 / 055
　4. 做个好听众 / 060
　5. 谈论对方感兴趣的话题 / 067
　6. 瞬间博得好感的方法 / 070

卡耐基人性的弱点

Lesson 3

让人同意你的 10 种方法 / 079

1. 你不可能在争辩中获胜 / 080
2. 如何避免树立敌人 / 086
3. 如果你错了就承认 / 093
4. 使你走上理智的道路 / 097
5. 苏格拉底的秘密 / 106
6. 如何应对他人的抱怨 / 111
7. 如何使人跟你合作 / 115
8. 一个创造奇迹的公式 / 119
9. 人人都喜欢的吸引力 / 123
10. 当你无计可施时，不妨试试这个 / 127

Lesson 4

使人听从你的 7 种方法 / 129

1. 必须批评他人时，这是开始的方法 / 130
2. 如何提出批评才不致招怨 / 135
3. 先说出你自己的错误 / 137
4. 没有人喜欢接受命令 / 140

目录
CONTENTS

5. 让对方保全他的面子 / 141
6. 使错误看起来容易改正 / 144
7. 使人们乐意做你建议的事 / 147

Lesson 5

创造奇迹的信件 / 149

原著序
这本书的完成

自1931年之后,我开始替纽约商界和职业人士开办一门教育课程。刚开始时,我只开办了演讲的课程,课程的目的就在于运用实际经验,训练成人在商业洽谈中能够按照自己的思想,更清晰、更有效地发表他们的看法。

但是天长日久,我发现有效的讲话训练固然是他们所需的,但他们最迫切需要的,则是在平常生活和交际中与人相处的技巧训练。

怎样跟人打交道,这应该是你所面临的最大问题,特别是作为一个商人,这更加不可忽视。就算你是会计师、家庭主妇、建筑师或者是工程师,这样的问题也难以回避。

以约翰·洛克菲勒为例,他在事业如日中天时曾对白罗雪说:"和人打交道的能力,也可以看作一种可以购买的商品,就像糖和咖啡一样。我愿意为这种能力付出代价,而且比世界上任何东西都高。"

在写这本书之前,我曾经读过所有能找到的有关资料,甚至还包括"迪克斯"报纸信箱的回答、离婚法庭的记录、双亲杂志以及多种著名的著述。与此同时,我还特别雇用了一位受过专门训练的人去研究和探索。他花了一年半的时间,去查阅各图书馆我可能遗漏的资料,深入各种心理学的专集，遍览了各种杂志、文章，搜索了浩如烟海的伟人传记，只为找到各时代大人物是如何处理人际关系的。

每个时代的伟人传记、领袖人物的生平年表，从恺撒到爱迪生，都在我的搜索范围之内。如罗斯福总统一个人的传记，我就收集了一百多本。我们决定不惜任何时间、金钱，只为找到有史以来人人用过的关于交友和影响他人的用之如神的良方。我为此曾亲自拜访过许多闻名世界的成功人物，以便从他们身上找出在人际关系上用得到的一些技巧。

如此收集资料，我把他们变成一篇简短的演讲稿，题为"如何交友和影响他人"。开始这只是一个短篇，后来这一主题扩大开来，现在已变成一篇需要用90分钟宣讲的演讲稿了。很多年来，在纽约每一季的"卡耐基研究院"课程中，我都将这篇讲稿的内容说给学员们听。

演讲结束后，我还会叮嘱他们注意在外面的事务上和社交中加以实践，然后再回来交流实践的经验和成就。这真是极有趣味的一门课程！这些男女学员勇于自我改进，对于这种新式实验室的工作和想法具有非同寻常的热情。这也是为成人所设的有且仅有的一所人类关系研究实验室。

这里所定的规则，不仅仅是理论或揣测，它神奇的效力几乎没人敢相信，但是它确确实实改变了很多人的生活和习惯。

一位拥有314名员工的老板加入了这个讲习班学习。多年以来，他无所顾虑地驱使、责骂他的员工，他的嘴里根本就吐不出仁义和鼓励等字眼。而最终使这位老板彻底改变了他的人生观的正是这部书中所讨论的原则。不久，他负责的组织出现了忠诚、热忱、合作的气象，314名员工由"仇敌"变成了"朋友"。现在这位老板盈利更多了，余暇也更多了，最重要的是在他的业务和家庭中乐趣更多了。

为数不少的推销员运用了讲习班上所学的原则后，他们的销售业绩很快提升，即使许多过去的顽固客户，现在也加入了他们的新客户行列。一些公司的高级职员，在实施这些原则后，职权变大了，薪水更是一路攀升。有一位上个季度来讲习班做报告的职员说，他的年薪因此涨了5000元。还有一位费城煤气公司的高级职员说，过去由于自己不善于引导别人，已有降职的可能。但是在参加这次训练过后，不但渡过了降职的危机，而且待遇较原来也有所提升。

有许多能量潜伏在你身心之中，因为习惯而被忽视。本书唯一的目的就在于，帮助你开发、利用那些在你的身心之中尚未利用的财富。

假如你看完了这本书的前三章后，你的生活并没有丝毫的改变，我想至少对你来说，这本书完全失败了！反之，如果你能从中得到启示，那我仍要奉劝一句，本书撰写的目的不只是要你去读，还要将所学付诸行动才行！

因为，这是一本以实践为宗旨的书！

Lesson 1
待人的基本技巧

1. 如欲采蜜，勿蹴蜂房

正如约翰逊博士所说："上帝在世界末日之前，尚且没有审判人类的打算！"既然是这样，你我又何必批评别人呢？

批评除了会使受批评者增加一层防御之心，进而令他更卖力地辩解之外，一无他用。批评也极危险，它会伤及一个人的自尊，极易激起他的反抗。

综观史册，能说明批评无益的事例比比皆是。当年罗斯福和塔夫特总统那场著名的争论就是一个明证——这场争论分裂了共和党，使民主党的威尔逊入主白宫，使他在世界大战中留下了光辉的史迹，因而改写了历史。让我们简单追述当时的情形：1908年，罗斯福离开白宫去非洲狩猎狮子，让塔夫特做了总统。当他回来的时候，争执爆发了。他批评塔夫特守旧，想要自己连任第三任总统，还组织了"勃尔摩斯党"——这一切险些毁了共和党。就在接下来的选举中，塔夫特和共和党遭遇了共和党有史以来最大的一次打击，他们只获得了两票。

罗斯福责备了塔夫特，可是塔夫特有没有怪他自己呢？当然没有。塔夫特眼含泪水，说："我已竭尽全力，别无他法了。"

谁对谁错？详情我不知道，而且这也并非我关注的重点。我要说明的是，不管罗斯福怎么怪罪，也不会使塔夫特有丝毫自责，只会使塔夫特设法辩护罢了，并且悲戚地述说："我已竭尽全力，别无他法了。"

总是如此，人类在做错事的时候，从来只会怨天尤人，唯独不会真正反省自己。这似乎是人类的天性，谁都不例外。所以但凡你我忍不住想批评别人时，别忘了其实批评就和我们养的家鸽似的，转了一圈还会回来。我们必须明白，我们本打算责备和纠正的人，为了给自己辩护，他们很可能会反过来埋怨我们。或者像温和的塔夫特那样，说："我已竭尽全力，别无他法了。"

1865年4月15日，星期六早晨，林肯躺在一家低档公寓的卧室中，奄奄一息。这家公寓在福特戏院对面，而他就是在戏院里遭到了枪杀。林肯瘦长的身体蜷缩在一张对他来说显然太短的小床上。名画《马市》的一幅廉价复制品挂在床头的墙壁上，煤油灯也发出幽暗、惨淡的光。在林肯弥留之时，陆军部长斯坦顿望着他说："躺在那里的正是这世上最完美的领导者。"

林肯待人成功的秘诀是什么？我曾为研究林肯的一生，用了整整十年，并花费了三年的工夫写了一部有关他的书，叫《你有所不知的林肯》。关于林肯的人格和他的家庭生活，经过详尽的研究，我相信我已做到任何人所能做到的极限。我又特地在"林肯为人处世的方法"这一领域进行了专项研究。林肯是否有过对他人的随性批评？没错，有过。他年轻时在印第安纳州的鸽溪谷，不但口头指责，且还勇于写信撰文去讽刺别人。他甚至把写好的东西，丢在人所必经的路上，其中有封信更使得有人为此恨了他一辈子。

在伊利诺伊州的春田镇，林肯挂牌做了律师。他甚至曾在报纸上发文攻击他看不惯的人，这实在是做得够绝的，好在也仅此一次。

那是在1842年秋，有一个叫西尔兹的爱尔兰政客，因为傲慢好斗而遭到了林肯的嘲弄。在春田的报上刊登出一封讽刺他的匿名信，镇上的人看后无不哄然大笑。西尔兹素来敏感，这件事一下就把他给惹恼了。当他查出写信人后，当即就找到林肯，要和他决斗。林肯反对决斗，可是又不愿意道歉，最后只好硬着头皮上。武器可以任选，林肯手臂长，于是挑了骑兵用的长剑，还跟一位从西点军校毕业的人学了剑术。到了决斗那天，他和西尔兹在密西西比河的河滩上持刃相见，准备决一死战。最后在关键时刻有人制止，他们才放弃了决斗。

这件事对林肯来说，可谓惊心动魄。虽然有惊无险，但在为人处世方面，彻底给他上了一课。他甚至发誓永远不再写信批评人，永远不再讥笑、嘲弄别人。从那以后，他几乎从不为任何事批评任何人。

美国内战时，林肯屡次任命一个又一个新将领统率波托麦克军，但将军们都相继败北，这使林肯感到无比沉痛和失望。全国几乎半数的人都在怒斥那些惨败的将领，唯独林肯对此一言不发。因为他的座右铭就是"不要评议人，免得为人所评议"。

当林肯的妻子和身边的人也对南方人颇有微词时，林肯会对他们说："不要怪他们，假如我们处在相同的状况下，也会和他们一样。"

而事实上最有资格批评那些将领的人便是林肯。我们来看下面这个例证：

1863年7月4日的晚上，南方的一位将军准备撤退到南边去，而那时全国雨水泛滥。当这位将军同他的官兵一起到达波托麦克时，发现前有暴涨的河水拦路，后有胜利的联军紧追，进退两难，陷入绝境。

林肯知道这正是俘获对方的天赐良机，战争完全可以即刻终止。林肯满怀希望，他命令弥特不必召开军事会议，突袭那位将军的军队。林肯先用电报下达命令，然后又派出特使让弥特尽快采取行动。

弥特将军最后执行军令了吗？恰恰相反，他不仅召开了军事会议，还迟疑不决地延宕下去。弥特用了各种借口拒绝突袭，最后延误了战机。河水一退，南方那位将军的军队顺利逃离了波托麦克。

"弥特怎么会这么做？"林肯怒不可遏。他甚至冲着儿子罗伯特咆哮说，"老天，这究竟是怎么回事？他们已在我们掌握中了，只要一伸手，他们必败无疑！怎么能这样对我的将令视而不见？在那种情势下有什么好犹豫的？任何一位将军只要发兵一定能获胜啊！就算我自己带兵，也能一举把他们拿下。"

绝望之下，林肯给弥特写了一封信。要知道，林肯一向极其自制，用字通常也很严谨。所以在1863年，这封出自林肯手笔的信，也算是他一生中最为严厉的措辞了。信的内容，是这样的——

亲爱的将军阁下：

我相信您无法体会到，由于这次战机的延误将引起的重大不幸。对方本来已是我方的囊中之物，若当即将之拿获，再加上我军在其他地方的胜利，这场战争可望立刻结束。

可是就目前形势推断，战事将会无限期地延后。上周一你没有果断袭击李，如今再想攻击就是难上加难的事了——无法对阁下能够改变局势抱有任何期望，因为千载难逢的良机已失，覆水难收。为此，我感到无限沉痛。

你猜想弥特看到这封信的反应会是怎样的呢？

事实上我们永远也不会知道弥特的反应了——弥特从未收到过这封信。因为林肯根本就没有把它寄出去。这封信是在林肯去世后，在他的文件中发现的。

我有这样的想法，当然这只是我的猜想。写罢这封信后，林肯曾望着窗外喃喃自语："等等，也许我不该这么草率。给弥特发令，对于坐在宁静的白宫里的我来说，不过举手之劳。但如果我所处的环境是前线阵地，如果我和弥特一样，在上星期耳闻目睹的全都是厮杀后的血腥，伤残者的呼号、悲吟，或许我也不会急于进攻……我说不定会和弥特一样柔弱，而我所做的，也会跟他当时所做的完全一样。总之,如今是木已成舟,无可挽回了。如果我逞一时之快发出了这封信,定会引起弥特对我的抵触情绪,他不仅会为自己开脱,还可能会回击我,这只会把事情弄得更糟,致使他日后做统帅的威信降低,甚至被迫离开军队。"

如我想象的那样,林肯把信放在了一边,没有发出。因为从自身痛苦的经历中林肯深知,尖锐的批评是永远不会有效果的。

罗斯福总统曾经说过,他任总统时,若碰到让人头疼的难题,他总会往椅背上一靠,仰起头,朝办公桌上方挂着的那幅林肯的巨幅画像看一看,然后设想:"林肯如果面对这种情况,他会怎么办?他将如何处理呢?"

一旦哪天我们忍不住想指责批评别人,别忘了拿出一张5美元的钞票,看着钞票上林肯的画像扪心自问:"如果是林肯,他会怎么做?"

你是不是曾费尽心力试图让什么人改变、调整或是改进自己?那真是善良的愿望。可是为什么不从你自己开始呢?从个人立场来看,使自己更加完美要比帮助别人改进获益更多,而且不会引起什么不必要的麻烦。勃朗宁曾说:"当一个人的争论、激辩是因为自己而不是为斥责别人时,他在很多方面已是不寻常了。"

想让人对你一直到死都怀恨在心的方法其实很简单,只要你尖刻地批评他就行了——无论是出于好意还是歹意,也无论有没有道理。

在与他人相处时,时刻要记住的是:我们所面对的不是绝对理性的动物,我们所相处的对象是充满着复杂情绪变化的动物。

批评是危险的导火索,它能使自尊的火药库爆炸,而这种爆炸往往会置人于死地。

富兰克林年轻的时候并不算太聪明，可是后来却成为处世待人极有技巧的人，甚至被任命为美国驻法大使。他成功秘诀是："我不批评任何人！我所说的都是每一个人的好处！"

如果孩子惹你发火，你忍不住想好好教训他一顿，你认为我会劝阻你不要批评他们吗？不，我不会那么做。我只是希望在此之前，你最好读一下那篇叫作《爸爸忘记了》的文章。它本来是一篇社论，经作者同意，转载于此。

《爸爸忘记了》篇幅不长，但反响却很大，第一次刊登出来后，便大受欢迎，引起了无数读者的共鸣。当时的情形，正如它的作者雷米特所言："数百种杂志和全国各地的报纸都竞相转载，同时它还被译成了多种外文在国外刊出。数以千计的人想拿这篇文章在学校、教会、电台里宣读，全都得到了我的同意。更让人惊叹的是，大学杂志和中学杂志也都纷纷采用它。有时候一篇小短文也能产生这么大的影响，而此文就是一例。"

爸爸忘记了

雷米特著

孩子，听好：

我趁你睡着时，来跟你说这些话，你的一只小手压在小脸下边，金色的卷发服贴地趴在你微湿的脑门上，我悄悄地来到你的房间。就在刚才，我在书房看书的时候，有一股强烈的悔意揪住了我的心，负疚感将我彻底淹没，让我静静来到你身边。

孩子，我想起许多事：我总是冲你发火。早晨你穿好衣服上学的时候，用毛巾胡乱擦了把脸就要出门，我责备了你；你的鞋没擦干净，我又责备你；你的东西到处乱放，我甚至对你咆哮。

吃早餐时，我总是挑你的毛病：你把面包渣掉得满身都是，你喝奶时的声音太大，你在面包上擦的黄油太厚。我去赶火车的时候，你刚好要出去玩，你转过身来，向我挥手说："爸爸，再见！"我顾不上跟你说再见，就又皱着眉说："挺胸抬头！"

午后，又是新一轮的批评。我回家的路上碰见你，你正兴

致勃勃地跪在地上玩石子。见你袜子上磨了好几个洞，我立刻当着你那些小伙伴的面训斥了你，还命令你马上回家。"你也太不爱惜了，这么贵的袜子，不知道赚钱有多难，要是你自己挣钱你肯定舍不得这么糟蹋！"孩子，你听，这哪里像一个父亲说的话！

还记得吗？后来我在书房看报时，你小心翼翼地走过来，眼睛里闪过一丝悲伤。我抬头一看你，又觉得你是来打扰我，很不耐烦，便没好气地说："又有什么事？"

你没回答，突然扑进我怀里，用手臂搂住我的脖子，亲了我一下。你那肉乎乎的双臂紧紧搂住我，那热情的态度，是上帝栽种在你心里的花，虽然被人忽略，也并不枯萎。然后你走出书房，伴随着咚咚的踢踏声跑上楼去。

孩子，你上楼后没多久，报纸从我手中滑落，我突然被一种可怕的痛苦击中。我往日对待你的方式，让我充满了恐惧。那是怎样的我？无休止地训斥你、挑剔你。难道我就是这样对待一个小孩子的吗？孩子，不是爸爸不爱你，恰恰相反，但可能是我对你太过求全责备，拿大人的标准来过早地约束你了。

其实，你有许多令人喜爱的优点。你幼小的心灵，就像晨曦中的一线曙光。

比如你会跑进来亲我，一片深情地跟我说晚安。孩子，今晚我没什么别的事了，我在静夜里来到你身边，内疚着、忏悔着。

我想如果你醒着的时候，听到我说这些话，可能你无法明白。不过，明天你会看到，我将成为一个真正的父亲。你笑，我愿意与你一同分享甘甜；你哭，我愿意和你一起承担苦痛。

要是我又习惯性地想斥责你时，我就紧咬牙关，把这话吞下去。我会告诫自己："他还只是个孩子。"

我当初看来是真把你当大人来对待了。可是，孩子，现在看到你疲倦地躺在你的小床上，我才意识到，你原来还那么小。就在昨天，你还腻在你母亲怀里，依偎着她的肩。而我过去对你的要求实在太多了，太多了！

愚蠢的人，总在批评、斥责、抱怨——绝大部分蠢人会这样做的。

而那些具备高尚人格、克己自制的人却在不断学习宽恕、体谅、了解他人。

卡莱尔曾说："伟大人物的伟大之处，全在于他如何对待一个卑微的人。"

正如约翰逊博士所说："上帝在世界末日之前，尚且没有审判人类的打算！"

既然是这样，你我又何必批评别人呢？永远不要批评、责怪或抱怨。

2. 与人相处的诀窍

天底下只有一个方法，可使任何人去做任何事，你是否悉心想过是什么方法？没错，这唯一的方法就是使人心甘情愿去做那件事。听好，除此以外，别无他法。

当然，你可以用一支左轮手枪抵住某人的胸脯，他或许会乖乖地把手表给你。你可以用命令让你的部下与你合作。你还可以用鞭打或者吓唬让孩子对你百依百顺。可这些粗笨的手段，效果通常不佳，后果又往往极其不好。

我指使你做任何事的唯一方法就是为你提供你所需要的一切，从而让你甘愿去做。

你所需要的是哪些呢？

20世纪最有影响力的心理医生弗洛伊德曾经提到，凡人类所做的事情皆源于两种动机：性的冲动和成为伟人的欲望。

美国著名的哲学家约翰·杜威教授，把这个意思稍微演绎了一下，并且更加精确、精彩。杜威博士说：人性中最深切的冲动是"成为重要人物的欲望"。记好"成为重要人物的欲望"这句关键的话，从这本书中你将看到诸多围绕这句话的佐证。

你所需要的是哪些呢？其实并不是很多，其中有几样是不容你拒绝的。差不多每个正常的成人都需要——

1. 健康。

2. 食物。

3. 睡眠。

4. 金钱以及金钱能买到的一切。

5. 来生的幸福。

6. 性生活的满足。

7. 子女的幸福。

8. 受重视感。

上述这些需求多数都不难满足，但另有一种欲望，超越普通的物欲和情欲而异常深切，却往往很难得到满足，即弗洛伊德提到的"成为伟人的欲望"，也即杜威所说的"成为重要人物的欲望"。

林肯曾在一封信的开头就说："没有人不喜欢受到恭维。"威廉·詹姆斯也说过类似的话："人类性情中最深的渴求就是被认同的情绪。"注意，他没有用"希望""期待"或是"欲望"这些词汇，而是用了"渴求"这个词。

这无疑是一种痛苦的而且难以排解的人类"饥渴"，谁要是能满足人们的这种内心饥渴，这部分人便可以轻而易举地将被满足者掌握在他的手掌之中并任意支配。

人和动物间有一项重要差别，即人类渴求受到重视。正是这个成为重要人物的欲望，让一个没有受过良好教育、生活贫困的杂货店店员，找遍了堆满杂货的大木桶，翻出他用0.5美元买下的几本法律书籍，痛下决心去研究。你大约听说过这位店员，他的名字叫林肯。

正是这个成为重要人物的欲望，促使狄更斯写下了流传万代的文学作品。正是这种欲望，使华伦完成了他光辉的设计。正是这种欲望，使洛克菲勒积聚了数不清的家产。同样是这种欲望，使你们那里的有钱人盖了远远超出他实际所需的豪华别墅。

这种受重视的渴求，使你总想穿最特别的服装，驾驶最新款的跑车，夸耀你聪明伶俐的孩子。同时，也正因为这种欲望，许多青少年涉嫌犯罪。前任警察总监玛罗尼曾说："如今的青少年罪犯自尊心和虚荣心极强，他们被捕后的头等大事就是要阅读那种把他们写为英雄的报刊。只要能看到自己的照片，就像和爱因斯坦、林肯、托斯加尼或罗斯福等人一样，在报上占到篇幅时，就会把要进受刑室坐电椅的事给抛到脑后了。"

如果你告诉我，你是怎样得到你的受重视感的，那我就可以推知，你是怎样的人。对你来说，确认自己的秉性至关重要。就如同这个例子：洛克菲勒把钱捐给北京，为北京建造现代化的医院，以帮助许多他素昧平生同时可能永远也不会相识的人，借此找到自己的价值和受重视的感觉。而与之不同，狄林克却通过做土匪、抢银行、杀人，来获取受瞩目的满足感。当他被警方人员追捕时，狄林克奔进一户农舍——他甚至以自己是全民公敌为荣，所以他大声说："我是狄林克……我不会杀害你，但我是狄林克！"

没错，狄林克和洛克菲勒最大的差别，在于他们是以何种方式获得受重视的满足感的。

人们有时甚至会为了获得同情和关注，为了不被忽视而故意装病。例如麦金利夫人就曾强迫她任职美国总统的丈夫，放下国家大事假依在她床边，拥抱她入睡。这样的安抚往往需要好几个小时，麦金利夫人也便借此感到自己的重要。她还坚持让麦金利陪她一起医牙，借此满足她在牙痛时被关注、被心疼的欲望。有一次麦金利和别人有约，不得不让她单独看牙，她为此大发脾气。

有些专家宣称：人精神失常的深层原因是他们潜意识里希望在疯狂的幻境中，能获取一种在严酷现实中无法得到的受重视感。在美国医院中，精神病患者的数目要远远超过其他病患者。你的年纪要是在15岁以上而又恰好身处纽约州，那你在这一生中大约有二十分之一的可能住7年以上的精神病院。

究竟是什么因素导致了如此大规模人群的精神病症呢？

实际上，约有半数以上的精神病，可以归咎于生理因素，诸如脑部受损、酒精中毒、外伤等。

但令人惶恐的事实是——那另外一半精神失常的人，他们生理上没有任何创伤。在他们去世后的解剖检验中，若用高倍显微镜对他的脑细胞组织进行观察，会发现它们非常健康，和正常人的脑组织没什么两样。

那为什么这些人会有精神失常的症状呢？

前些时候，我曾就这个问题向一位精神病院的主治医师请教。这位医师在精神病理方面有渊博的学识，且获得过这个领域里最高的荣誉。但是他坦白地告诉我，他对此也感到很费解。不过他解释说，许多精神失常的人，在疯癫的世界中，能找到现实世界中所无法获得的受重视感。他还给我讲了一个真实的故事。

"我有个病人,她的婚姻很不幸,她所渴求的爱情、孩子和社会声望,这些在她的实际生活中一样也没有得到。她丈夫不爱她,甚至于拒绝跟她一起用餐。她没有孩子,也没有社会地位。后来她疯了,而现在她在自己的幻想中已跟丈夫离了婚,还恢复了她少女时代的姓名。她相信自己已嫁给英国皇家贵族,并且坚持要人家称她史密斯夫人。至于孩子,在她的幻想中也已经拥有了。每次她见到我时,她都会说:'医生,我昨晚生了个小宝贝。'"

这样的结局是好还是不好呢?我难以界定。这位治疗精神失常的医生对我说的是:"即使我轻而易举就能治愈她的病,使她恢复清醒,我也不会那么做,照现在这样她反而快乐得多。"

老实说,精神错乱的人,要比你我更快乐。许多人在疯癫中没有忧愁和烦恼,他们为什么会这样呢?因为他们的问题在幻想的世界中都迎刃而解。他们只需要举手之劳便可签出一张百万元的支票给你。或者给你封介绍信,去见那些大人物。在那些梦境中,他们能拥有受重视感,并因为这样的渴望得到满足而欢欣鼓舞。

如果人们是如此迫切地渴求获得重视,甚至于不得不到了精神错乱的地步去获得。试想若是他们在没有疯癫前就得到我们诚挚的赞许,那么你我的成就必然不可小觑。

真诚的赞美,同样也是洛克菲勒为人处世的成功要诀。例如:当他的一个合资伙伴贝德福因措施失当而在南美把一宗买卖亏掉,带给公司百万美元的损失时,洛克菲勒没有对他做任何批评或指责。

他知道贝德福已尽了最大的努力,再说事情已经发生,任何斥责都将于事无补。所以洛克菲勒专找可安慰、可称赞的事情来谈，还夸贝德福把他投资金额的60%收回来了。"已经很难得了！"洛克菲勒这样说，"总不能任何时候都事事如意。"

齐格飞是闪耀于百老汇、有着惊人成就的歌舞剧家，因为具有"打造窈窕淑女"的技巧而得名。他总是能把那些本来无人问津的普通女子，奇迹般地锻造成舞台上神秘而诱人的尤物。齐格飞深知赞赏和信心对一个女人意味着什么，他不遗余力地用各种方法使女人们"感觉"美丽，并真正焕发出光彩。

齐格飞增加歌女们的薪金，从每周30元，增加到175元。他也极为体贴，在福利斯歌舞剧开幕之夜，他给剧中的明星发出贺电，并且赠予每一位表演女郎一朵娇艳的玫瑰。

肯定有读者在看到这里时，会不以为然地说："真够老套！恭维、谄媚、拍马屁，我早就试过那些了，一点儿用也没有——对那些有学问的明白人根本不起作用。"

显然拍马屁那一套，是哄不了明白人的，那是肤浅、自私、虚伪的，那种做法应该失败，也经常失败。可是，发自内心的赞赏，对有些人来说，那真是太需要了。

英皇乔治五世有六条箴言，在白金汉宫书房的墙壁上可以看到它们。其中有一条说："廉价的赞美，往往在给予的同时还别有所图。"所谓"谄媚、奉承"正是这种廉价的赞美。与之异曲同工的还有一句话，也值得记下来："奉承传达给别人的不是无私的赞赏，而是他心中为自己所打的小算盘。"

利夫华尔特·爱默生说："不管你把话说得多么巧妙，总离不开自己的种种。"

如果我们在这里所提倡的仅仅是恭维、谄媚的夸赞之词,那么任何人都可以学会,都可以成为人类关系学方面的专家了。

只要人们不是在对某种特定的问题进行思考,那么通常的情况是,他们有 95% 的时间都会想着有关自己的一切。而现在我们要做的是:稍停片刻不去想自己,尝试想想别人的优点,这样我们的措辞就不会再卑贱、虚伪。否则,话还没说,就可以发觉那是言不由衷的奉承了。

爱默生还曾说:"凡我所遇到的人,都有他们的长处,有他们比我强的地方,我就学他那些好的地方。"

如果这话对爱默生这样的成功人士尚且适用,那对你我这样的凡人来说,我们更应该做到这一点。不要一味地琢磨我们自己的成就和需要,让我们去发现别人身上的闪光点,然后发自内心地欣赏并给予赞美。对方也将对你的话尤其珍视,即便多年后你早已忘却,他还是会记得你那些由衷的嘉许,甚至受益终生。

3. 左右逢源的方法

懂得设身处地为他人着想的人，永远不用为自己的前途担忧。

为什么我们关心的总是自己所需要的？这实在是孩子气，而且不可理喻。当然，你所要的东西永远是你感兴趣的，但别人对此并不关心。要知道，别人和你一样，他们关心的只是他们自己感兴趣的东西。

世界上唯一能影响并真正打动别人的方法，就是谈论他所要的，并且告诉他，如何才能获得。

如果你想让谁为你做点什么，你就得记住这一点。可以举个例子：你若不想你的孩子吸烟，你完全不用和他起任何正面冲突，或强迫他怎么样去做。你只需告诉他，吸烟可能使他无法加入他痴迷的棒球队，或是在百米竞赛中夺冠无望就行了。

无论你要应付的对象是个小孩，还是一头小牛、一只猿猴，这一点都值得你注意。例如有一次，爱默生和他儿子想把一头小牛赶进牛棚。他们犯了大多数人都会犯的错误，只考虑到自己的意愿，于是爱默生推，他儿子拉。而那头小牛正跟他们一样，并不关心对方的需求，所以它寸步不移，拒绝离开牧场。

爱尔兰女仆见此情景，走过来轻松地把小牛哄进了牛棚。虽然她不像爱默生这样的知识分子懂那么多道理，可至少这次，她却比他们

更懂得"牛性"。她最先想到的是小牛需要什么，于是她把手指放到小牛的口中，一边让小牛吮吸，一边温和地引它进入牛棚。

哈雷·欧弗瑞教授在他的力作《影响人类行为》中说："人类因为有其基本欲望才去付诸行动……无论处于商界、家庭、学校还是政界，对于那些希望说服别人从而获利的人，最好的建议就是：设身处地从别人的立场出发，激起对方迫切的需要。若能做到这点就可左右逢源，全世界都会为他让路，否则定会到处碰壁。"

有这样的例子：卡耐基有两个侄子在耶鲁大学读书，可能因为忙于应付学业和自己的事情，逐渐连家信都不写了，卡耐基的嫂子为此忧急成病。

卡耐基得知后，打赌说他能收到两个孩子的回信，且无须嘱咐他们回信。于是他写了封家常闲聊的信寄给侄儿，信后附了一句，说是随信各寄去5美元。

当然，他不会把钱装入信封。

很快，回信来了。

如果你打算让某人去做某事，在尚未游说之前，不妨自问："我怎样才能让他甘愿做这件事？"

这个问题可以避免我们本来试图说服别人，在匆忙中却说了一大堆自己的欲望而导致事与愿违。

为举行一场演讲研讨会，我租下了纽约一家饭店的舞厅，每一季需要用20个晚上。在其中一季开始的时候，我突然被告知，我要付给饭店三倍于原来的租金。这时我就是想换地方也来不及了，因为通告已经公布，入场券都印发完毕了。而增加的租金我自然不愿意再付，可是，和饭店谈这些显然毫无用处。他们只关心自己的需要和利益。所以两天后，我直接去和经理交涉。

我说："接到你们的通知，我十分震惊……当然我并不怪你，如果我是你，我也许也会这样做。作为经理，您的本职就是让饭店最大限度地盈利。否则您就会被解雇，也应该被解雇。但是，这次租金一下涨到这么高，究竟对饭店是利大还是弊大，我们不妨来做个书面分析。"

接着，我拿出一张纸，在中间画出一条线，上端写上"利"，另一端写了"弊"。

我在纸上写了几个字："舞厅空着。"然后解释说："你自由出租舞厅，举办舞会或者大型聚会都将会有不少的收入。显然，那些收入要高于租给用以举办我们这样的研讨会的收入。我在这一季中占用舞厅的20个晚上，对你来说可能会使你的收入大大减少。"

我继续说下去："而另一方面，也就是你提高租金后将直接面临的问题首先在于，因为我无法接受你的要求，所以只能到别处举行演讲。你不仅无法得到涨价后的租金，就连原来的租金你也无法拿到，这样你的收入反而减少了。还有一点，我想你应该考虑过这个因素，那就是我这个演讲研讨会，会使上层社会的知识分子都聚集到你们饭店来，这不正是给你们饭店做活广告吗？事实上，即使你在报纸上花5000美元的广告费，也不会招揽来像我们研讨班里这么多人，这对饭店的知名度不是极有价值吗？"

我说这话时，把这两个害处也写在纸上，交给了经理，又说："希望你仔细考虑一下利弊关系，把最终决定尽快告诉我。"第二天，我被告知只需多付50%的租金而不是3倍的租金。

请注意，在这个问题上，我没有提到一句为我自己着想的话。我所谈论的都是对方所要的，以及他们该如何得到它。

如果我冲动行事，闯进饭店经理办公室，跟他争辩说："我入场券都印好了，通告也已发布，租金却突然增加3倍，这也太过分了吧！3倍？太可笑了！荒谬之极，我不付！"

事情若是照那样发展下去会怎么样呢？争论就会白热化！即使饭店经理意识到自己确实过分了点儿，但因为自尊他也不会退让半步！

关于待人处世的艺术，这里有句至理名言，是亨利·福特说的："如果成功真的存在秘诀，那就是你必须知道对方的观点和需求，并拥有从对方角度来看待事情的才能。"

是的，这话说得太经典了，有必要再重复一遍："如果成功真的存在秘诀，那就是你必须知道对方的观点和需求，并拥有从对方角度来看待事情的才能。"通俗易懂的道理，任何人都能一眼就看破。可是，世界上90%的人在90%的情况下，都没有做到这一点。

这里还有一封信，是出自一家规模很大的货运站的总监的手笔，是他写给我讲习班里一个叫夫姆雷的学员的。收信人看到这封信后会有什么感受呢？先看看信的内容，我再告诉你。

首雷格公司，

前街 28 号，

布鲁克林，N.Y.

致爱德华·夫姆雷先生

先生：

敝处的货运工作，因大部分货物的送达时间都集中在傍晚时分而非常令人困扰。因为这样，会造成货运停滞，致使送货效率降低，形成某些货物不能按时运送。

我们于 11 月 10 日收到贵公司交运的货物 510 件，送达时间是在下午 4 点 20 分。

为了避免货物迟交所引发的不良后果，我们希望得到贵公司的积极配合。以后贵公司如有大批货物需要运送时，能否尽量把送货时间提前，或于上午先送来一部分？

该项措施，对贵公司的业务也十分有益，能使你们的送货卡车迅速驶回，而且我们也能保证在收到你们的货物后立即发出。

总监某某谨启

首雷格公司的销售主任夫姆雷先生把他对这封信的想法写了下来，交给我看："这封信能达到的效果，与对方的初衷正好相反。信的内容一上来就把自己货运站的困难摆了出来,通常对这些我们并不感兴趣。接着他们让我们与其配合提高他们的效率,他们显然并未考虑,这样是否会造成我们的不便?信中最后提到这样的措施对我们的好处,可以使我们的卡车迅速驶回,且保证我们的货物可以在收到之日立即发出。换言之,我们的利益,被放在了最后才说明,这样整个效果就只能引起我们的异议,而不是积极合作。"

现在我们来看,这封信是否能重新改写。我们完全没必要把时间浪费在对自己问题的陈述上,正如亨利·福特曾经说过的:"你必须知道对方的观点和需求,并拥有从对方角度来看待事情的才能。"

这里有一个改写后的版本,也许不是最佳写法,但至少应该能比原信所产生的效果好很多吧?

首雷格公司,
前街28号,
布鲁克林,N.Y.
致爱德华·夫姆雷先生

亲爱的夫姆雷先生:

贵公司作为我们欢迎的好主顾已经40年了。自然,对你们的光顾,我们甚为感激,并极愿意为你们提供最为迅速和有效的服务。但我们不得不深感抱歉地谈一件事,如果贵公司的卡车仍然像11月10日那天一样,大批货物在4时20分才抵达,我们将很难按时送货。

因为大部分的客户都把交货时间集中在傍晚,这样停滞现象就不可避免。而贵公司运货车有时也难免在码头受阻,甚至你们货运也被迫延迟。

这状况不好,很不好。如何避免呢?那就是如果可能的话,请贵公司在中午之前把货物交送到码头。这不仅可使贵公司的运货卡车畅通无阻,且货物量再大,也可以得到及时的处理。而敝处的员工也可不用加夜班,回家品尝贵公司出品的鲜美面食。

收到本函,请勿介意,并非敝处向贵公司建议改善业务方针,这封信的目的,旨在使敝处对贵公司做出更有效的服务。

当然,无论贵公司货物何时到达,我们仍愿竭诚为您服务。

感谢百忙中读完此信,请不必费神复函!

某某谨启

如今的推销员,一个个疲惫、懊丧、入不敷出!怎么会这样?因为他们永远只替自己打算,从未考虑过我们是否想买。如果我们需要,自然会去买。我们在意的往往是如何解决自己的问题。如果哪个推销员的服务和产品确实能对我们有用,他即使不向我们喋喋不休地推销,我们也会买的。顾客因为自己喜欢才去买,而强拉硬拽是没有用的。

但依然有很多人,做了一辈子的推销员也不懂得站在买主的立场考虑问题。

有这样一个例子：我住在大纽约中心的"林邱"住宅小区。一天当我往车站走的时候，碰到一个搞房地产的代理人。他在长岛一带做房产生意很多年，算这个领域的资深人士了。他对"林邱"住宅区也很熟，所以我顺口问他，我住的那种房子是用什么材料建造的。他说了些我所知道的，我的问题他却也说不出个所以然，还说让我去问我那住宅区的询问机构。

第二天早晨，他发给我一封信。上边是否有我需要的信息呢？其实那些事不用写信，花60秒钟打个电话给我就行了。他信上还是叫我去问那个询问机构，最后中心意思却是推销他的保险业务。

他无意于帮助我，他一心想的不过是帮助自己罢了。

我实在应该建议他看两本著名的小册子，那是梵许·杨的《去赐予》和《幸运的分享》。他如果能履行书中的哲学，相信他得到的会比办理我保险的收益高出千倍。

这种人无处不在，他们在这个世界上不断掠取、格外自私。这样一来，那些真心帮助别人、为他人着想的人成功的机会反而非常大，因为有资格与他们竞争的人太少了。欧文·杨就曾说过："懂得设身处地为他人着想的人，永远不用为自己的前途担忧。"

如果这本书的阅读结束之后会达到这样的效果：你决心永远站在别人立场去打算、设想，从对方角度考虑问题——如果你真获得了本书的重中之重，这想必会改变你的一生。

必须要重复哈雷·欧弗瑞教授说过的话："设身处地从别人的立场出发，激起对方迫切的需要。若能做到这点就可左右逢源，全世界都会为他让路，否则定会到处碰壁。"

威廉·文特曾说过："人人都愿意有机会表现自己，这是人类的一项重要需求。"我们完全可以把这一点运用到工作上去。这样许多烦忧就迎刃而解了。

别忘了那句话："设身处地从别人的立场出发，激起对方迫切的需要。若能做到这点就可左右逢源，全世界都会为他让路，否则定会到处碰壁。"

Lesson 2

Lesson 2
使人喜欢你的6种方法

1. 如果这样做，你将到处受欢迎

维也纳著名的心理学家阿得洛曾在他写的《生活对你的意义》一书中说："一个从不关心他人，对别人不感兴趣的人，他的人生必遭受重大的阻碍、困难，给别人带来的困扰和伤害也最大。所有人类的失败，都出自这种人。"

我们是否有必要通过书本来学习受欢迎的技巧？为何不向这世上最善于交友的动物学习呢？它是谁？没准儿你明天走到街上，就能看到它。当你在它周围不足十英尺的地方出现时，它会摇动它的尾巴。如果你停住脚轻轻拍拍它，你肯定能感觉到它雀跃的心由皮毛一直向你的手心传达，让你知道它有多么喜欢你。而且你也心知肚明，它跟你套近乎，跟你亲热，别无企图和不良居心，并不是打算和你谈生意。

你是不是从没有注意过，狗，其实是唯一不需要为自己生活而刻意工作的动物？母鸡要下蛋、母牛需要付出它的奶水、金丝雀要歌唱。可是狗不需要这样，它为人们做的正是它想做的，那就是给予你忠诚的友爱。

在我5岁的时候，父亲给我买了一只黄毛小狗。它带给我的是整个童年的温馨和欢乐。每天下午1点到4点左右，它就坐到庭院前，漂亮的眼睛紧盯着前面那条小路。当它听到我的脚步声，或看到我拿着饭盒穿过矮树林时，它就会箭一般飞奔过来，又跳又叫地来欢迎我。

迪贝与我的友谊终止在第五年。那是一个我永远不会忘记的悲惨之夜，迪贝在离我仅十英尺远的地方遭到了雷击。迪贝的死，是我童年时代的悲剧！

迪贝，你从来没有学过心理学，你也不需要去学。仅凭直觉，你便懂得只要一个人真诚地关心别人，他在两个月的时间里所交的朋友，要比一个费尽心思让别人对他感兴趣的人用两年所交的朋友还要多。让我强调一下——只要你关心别人，对别人发生兴趣，那你在两个月内所交的朋友，要比只想让别人关心你，对你发生兴趣，在两年内所交的朋友还要多。

然而，你我都知道，很多人穷其一生都在设法让别人对他感兴趣。

自然，他们不会得到预期的结果。人们不会为此而关心他们，他们

不会对你我甚至任何人发生兴趣，他们从早到晚，每时每刻所关心的只有他们自己。

纽约电话公司曾经做过一项调查，想统计出人们在通话中使用频率最高的那个单词，估计对答案你心中已经有数，这个单词就是人称代词"我"。在500次通话中，这个词被使用了3990次。"我""我""我"……

当你看到一张有你在内的集体照时，谁的面孔是你尤其关注的？

如果你觉得人们都关心你，请你回答——如果你就在今晚去世，都有谁会来参加你的丧礼？

除非你是先关心了别人，不然别人凭什么对你发生兴趣、关心你呢？拿出笔把下面的话记下来：

如果我们只是想受人关注，使人对我们感兴趣，那我们永远不会有真诚的朋友。朋友，真正的朋友，那样是无法得到的。

在与约瑟芬最后一次聚首时，拿破仑曾说："约瑟芬，我是这世界上最幸运的人，但此时此刻，你是我在这世上唯一可以依赖的人。"然而就历史学家的追溯，他是否真的信任、依赖约瑟芬还没有定论！

著名的维也纳心理学家阿得洛曾在他写的《生活对你的意义》一书中说："一个从不关心他人，对别人不感兴趣的人，他的人生必遭受重大的阻碍、困难，给别人带来的困扰和伤害也最大。所有人类的失败，都出自这种人。"

就算你已经看过大量的心理学方面的书，这句话也很可能被你忽视。我不愿意重复，但是阿得洛这句话太重要了，所以我再次强调：

> 一个从不关心他人，对别人不感兴趣的人，他的人生必遭受重大的阻碍、困难，给别人带来的困扰和伤害也最大。所有人类的失败，都出自这种人。

塞斯顿是一位顶级的魔术师，他最后一次在百老汇公演时，我和他在那儿的化妆室里聊了整个晚上。40年来，塞斯顿以他惊人的绝技走遍世界各地，吸引了无数观众，约有6000万以上的观众看过他的表演，也使他获得了高达200万美元的收益。

谈及他的成功道路，他告诉我说，他的学校教育与今天的一切毫无关系，因为早年他就曾离家出走，成了流浪汉，他曾睡在草堆上过夜，挨门讨饭过日子，透过车窗看铁路两旁那些广告牌识字。至于高人一等的魔术技能，他说，现在出版了数百本关于魔术的书，而且像他这样有专长的也不乏其人，但他有两点无人能及。首先，他的表演有个性，他深谙人性。他的每一个动作、姿态、说话的语调都经过严格的练习；他举止敏捷，反应灵敏，分秒不差。除此以外，塞斯顿告诉我，他对人有浓厚的兴趣。别的魔术师看着观众心里想的往往是："这些傻帽儿、乡巴佬，我得好好地骗他们一下。"而塞斯顿每次站在台上时，必先自言自语地说："我要感谢这些捧场的观众，他们使我获得舒服的生活，我要付出最大的努力表演给他们观看。"每逢他走向台前时，就会不断默念："我爱我的观众，我爱我的观众。"你是不是觉得好笑？觉得荒唐？随你吧，我只是想告诉你，这正是他，这位最具魅力的魔术大师的成功秘诀。

受人敬重的罗斯福总统一生成就斐然，而他成功的秘诀之一也不外如此。他的仆人们也都因此非常敬爱他。他的黑人侍从爱默士曾写了这么一部叫《西奥多·罗斯福——仆人心目中的英雄》的书，在书中，爱默士讲了这么一件感人至深的往事。

"有一次，我妻子问总统，鹌鹑长什么样？罗斯福总统考虑到她从未见过，所以不厌其烦地讲给她听。过了一阵子之后，我房间电话铃响了（爱默士和他妻子住在罗斯福总统住宅内一所小房子里）。电话是我妻子接听的，原来是总统亲自打电话来告诉她，现在窗外正有一只鹌鹑，只要她向窗外看，就可以看见它。

"这样关心别人，哪怕是一桩小事情都惦念着，正是罗斯福总统的特点之一。无论什么时候，当他经过我们屋子外面，有时并没有看到我们，我们仍可听到他亲切地和我们打招呼：'咳……爱默士！'或'咳……安妮！'。"

像这样一位主人，谁能不喜欢他呢？

有一天罗斯福到白宫去拜访塔夫特总统，正值塔夫特总统夫妇出门了。罗斯福对白宫里这些昔日相处的仆人都一一问好，连做杂务的女仆，都亲切地喊着名字打招呼。亚切·白德就曾有这样的记述：

"他看到厨娘爱丽丝的时候，问她是不是还做玉米面包。爱丽丝告诉他，有时候会做那种面包给用人们吃，楼上的人都不吃了。罗斯福听了大声说：'他们可真是没口福，等我见到总统，我得跟他说这个事。'爱丽丝拿了一块玉米面包给他，他边吃边走向办公室，经过园丁、工友旁边时，向他们一一打招呼……

"他和每个人都亲切地打招呼，就像他做总统时一样。有个老佣人，眼含泪水说道：'这是我几年来最快乐的一天，就是有人拿100美元来，我也不会跟他换的。'"

任何人，不管他是屠夫、面包师，或者是宝座上的国王，都喜欢那些尊敬他的人。德皇威廉就是其中一个。第一次世界大战结束后，全世界的人无不指责威廉是罪魁祸首。他逃到荷兰后，连德国的人也不愿理他，千百万人都对他恨之入骨，甚至有人要把他抓来碎尸万段。

就在人人怒不可遏时，有个小男孩给他写了一封简单诚恳、充满钦佩的信。这封信令威廉深受感动，他甚至邀请这个小男孩与他会面。小男孩在母亲的陪同下真的来了，最终威廉和孩子的母亲结了婚。小男孩显然不需要去读如何受欢迎这类的书，他小小年纪就懂得这些。

如果我们想拥有真正的朋友，就应该付出自己的时间和精力，全心全意地为别人做些事。在温莎公爵还是皇储时，他曾计划去南美洲，在此之前，他特别用心地学习西班牙文，这样的努力使他到了南美洲后，受到当地人最真诚的喜爱。

如果我们想拥有真正的朋友，就要用最热诚的态度对待他们。有人打电话给你，你也应该以万分欢迎的语调说一声："你好！"纽约电话公司在训练接线生时，让他们用"我很高兴为您服务"来做结束语。以后我们接到电话时，也别忘了这一点。

所以要想讨人喜欢，第一条原则就是：

对别人抱以真诚的关切。

2. 留给人良好印象的方法

保持一种良好的心理状态——勇敢、诚实、乐观。良好的精神状态也会激发创造力。人类正是因为有梦想才创造了如此辉煌的文明。虔诚的祈求者，其愿望常常会得到回应。我们想到什么，就能得到什么！开心一点儿，仰起笑对人生的脸，我们要做明天的神仙。

最近在纽约我参加了一个宴会，其中有位客人，她是刚获得一笔遗产的妇人。显然她很想获得更多的注目并给人留下个好印象，为此她花巨资购置了貂皮大衣、钻石和珍珠，可惜她那副神情却透露着刻薄和自私。她大概不明白，男士们认为赏心悦目的，是女人表情中自然流露的气质、神态，而不仅仅是出众的容貌和华丽的服饰。

史华伯曾经对我说过，他的微笑值 100 万美元。他所暗示的，也正是这个道理。毕竟史华伯能有今日的成就，首先就该归功于他的人格魅力和他为人处世的艺术。而在他的人格中，最重要的组成部分莫过于他那深富魅力的微笑。

行动的力量总是大过言语，而脸上的微笑就意味着："我喜欢你，你使我快乐。我非常高兴见到你！"

狗那么受人们喜爱，其原因也不外如此。你看它们那么愿意见到我们并和我们接近，它那股自然迸发的高兴劲儿总是十分打动人心，当然，人们对狗也是极尽宠爱。

如果是虚假的敷衍的笑呢？那种笑令人反感，而且骗不了人。我们所说的微笑是发自内心的微笑，不是机械的、敷衍的，不是"皮笑肉不笑"，只有真诚的微笑才具有价值。

美国一家大型橡胶公司的董事长告诉我，在他看来，一个人能否在事业上有所建树，完全取决于他对这个事业的热忱度。这位极有发言权的大实业家不认为埋头苦干能有什么大作为。他这样说："许多人在开始一桩事业的时候投入了极大的热忱和兴趣，所以能在早期取得一定成就。后来，他们只是机械地苦干，于是他们感到厌烦、沉闷，在失去了工作的乐趣时，他的事业也随之走了下坡路。"

想皆大欢喜，就要让彼此都开心起来，而首要的就是用愉快的神情对待、感染他人。

我曾经向上千个商界人士建议，让他们遇人即微笑。这样保持一星期后，把心得和效果与班上的同学交流。这里有一位来自纽约证券交易所，名叫司丁哈丹的先生写来的信，他的情况绝非特例，事实上极具代表性。

司丁哈丹的信这样说："我结婚有18年了，这么多年来，从起床到出门上班这段时间，我太太很少看到我笑，我连话都懒得多说。

"因为你叫我以微笑一星期的效果为题发表演讲，我就尝试了一下。第二天早晨梳头的时候，我从镜子里看到满面愁容、闷闷不乐的自己，就说：'皮尔，你今天要把你那张绷紧的脸松开来，你要笑对每一个人，就从现在开始。'吃早餐的时候，我满面春风，向我太太打招呼说：'亲爱的，早！'

"你曾提醒过我，她或许会很惊讶，但她的反应超出你的预料。当时她迷惑了，愣在那里。我当然明白，那是因为她太意外太高兴了，这是我太太一直希望的。是的，两个多月以来，我每天早晨都那样做，而我的家庭所得到的快乐比以往任何时候都要多。

"现在我去办公室，会对电梯员微笑道早安，对门卫也以微笑打招呼。去柜台换零钱时，对里面的伙计，我脸上也带着笑容。即使在交易所，对那些素昧平生的人，我对他们也都笑脸相迎。

"就这样过了没多久，我发现大家对我也都还以真诚的微笑。对那些常常怨声载道的人，我也以关心的态度听他们诉苦。无形中他们认为烦忧的事，也变得容易解决了。微笑真的给我带来了很多很多财富。

"我和另一个经纪人合用一间办公室。他的职员中有一个很受人欢迎的年轻人，那年轻人也渐渐对我产生了好感。我对他讲了我最近学到的为人处世的法则，并表示我对结果非常满意。那年轻人这样告诉我，他初来时，曾认为我是一个脾气很坏、闷闷不乐的人，而最近他对我的观感已彻底改变。他说：'你笑的时候，很有人情味！'

"我还把批评、斥责的话换成了赞赏和鼓励。我不再总是强调我要什么、我要怎么样，而是尽量从别人的立场考虑事情，去接受别人的观点。眼前的一切，使我原有的生活彻底改变。现在我和过去完全不同。我成了一个比过去更快乐、更富有的人。"

别忘了这封信出自一位饱经世故、聪明绝顶的股票经纪人之手。他在纽约证券交易所买卖证券，绝非泛泛之辈——要知道，这种工作100个人去尝试，可能会有99个人要失败。

你是否怕笑不出来？有个办法，不妨一试：强迫自己笑，一个人的时候，吹吹口哨，哼哼歌，让自己高兴起来，很快你会发现你真的心情愉快了。哈佛大学一位已故的詹姆斯教授有这样的见解："行动该是追随着一个人自己的感受，可是事实上，行动和感受往往背道而驰。所以你需要快乐时，最好的方法就是很快活地做事，直接调整行动，从而影响感情，这样完全可以强迫自己快乐起来。"

人们都想知道快乐的法则，而这里有一条可靠的途径，那就是通过控制自己的思想来达到。幸福和快乐的动因是内在的，只要你愿意，你就会开心起来。

是否幸福并非取决于你拥有些什么，你是谁，你在什么地方或者你在做什么事，它取决于你在想什么——只要你想快乐，你就能。比如，有两个在各方面都差不多的人，他们在同一个地方上班，做大同小异的工作，甚至收入也一样。可是其中一个精神饱满而愉快，另一个却是精神萎靡、郁郁寡欢。显然外界因素没有区别，不同的状态完全是因为心境不同。

莎士比亚说："所谓好与坏无从区别，我们觉得好，它就好，反之亦然。"

林肯也说："大多数人所获得的快乐，其程度与他们决意要得到的相差不多。"这实在是至理名言。而且我最近也找到了一个有力的印证。

那是在纽约长岛车站的石阶上，走在我前面的是三四十个行动不便的残障少年。他们用拐杖很艰难地走上石阶，有些还要有人抱着才能上去，但他们的欢笑和快乐的表情让我感到惊奇。

后来，我找到这些少年的老师，和他谈到这件事时，他说："是的，

当一个孩子明白他和正常人不同,并将成为终身残疾时,他开始也会感到难受和惊恐。但这种不安过后,他就会继续寻求他的快乐,而且要比一般的儿童还快乐。"我真想对那些孩子致敬,是他们给我上了难忘的一课。

当毕克馥准备与范朋克离婚时,我曾用了整个下午和她促膝长谈。也许所有的人都觉得她当时肯定心乱如麻,然而事实并非如此,她仍然安详、愉快。她是怎么做到的呢?她的秘诀是:事已至此,何必再寻更多烦恼,不如从内心去寻找快乐。

认真体会哈巴德下面的这段神奇的忠告,但须知,除非你真正学会应用,否则就是能够把它们全背诵下来,也无济于事:

每次外出,收收下巴,抬头挺胸,精神饱满;在阳光中深呼吸；微笑着与你的朋友们打招呼，握手时要集中精神，传达温情。把难过的事情抛在脑后，不去想那些让你不愉快的人。要在心中确定自己喜欢做什么，然后矢志不渝、勇往直前！当你全神贯注地去做一件事时，在往后的岁月之中，你会发现你所渴望的机会，都已经在你的掌握之中。

你要时时把自己想象为你希望成为的那种待人诚恳的、有能力的人。这种想法会时时刻刻地改变你，使你真的成为那种人——意念常常能形成一股神奇而伟大的力量。

保持一种良好的心理状态——勇敢、诚实、乐观。良好的精神状态也会激发创造力。人类正是因为有梦想才创造了如此辉煌的文明。虔诚的祈求者，其愿望常常会得到回应。我们想到什么，就能得到什么！开心一点儿，仰起笑对人生的脸，我们要做明天的神仙。

中国古人有着大智慧，他们有一句格言，你我都该铭记。那句格言是："和气生财。"（不会微笑待人，就不要做生意。）

提到做生意，弗雷克·依文在为考林公司做的广告中，有这样几句话很有意味，叫作"圣诞节一笑的价值"：

> 它不需要你太多消耗，却会带给你很多回报。
>
> 它使得者欢欣，施者无损。
>
> 它迸发于瞬间，却可回味一生。
>
> 没有人富到不需要它，没有人不因为有了它而虽然穷困却内心富有。

在家庭中，它活跃气氛；在生意场，它创造信任；朋友间，它胜似甜言蜜语。

它是疲惫者的港湾，是失意者的曙光，是悲戚者的艳阳，更是造物主排忧解难的良药。

它无法买，不可求，无处借，更不能偷……当你自己拥有它之前，它并无效用。

假使在圣诞节最后一分钟的匆忙中，我们的店员因为太疲倦而没能给你一个微笑，能不能请你把微笑留下？

不能给予微笑的人，最需要被给予微笑！

所以，如果你希望受人欢迎，第二条原则就是：微笑！

3. 牢记他人的名字

吉姆的方法其实并不复杂。结识到新朋友时，他就会把对方的姓名、职业、家里有什么人、政治倾向等都问个清楚，之后便牢记在心。等再次遇到他们，哪怕相隔数载，他还能拍拍对方的肩，问候其家人，甚至家里后院的花草。

安德鲁·卡耐基成功的原因何在？

被人誉为钢铁大王的他其实对钢铁方面的知识懂得并不是很多。而效力于他的部下，却对该行业的了解比他还要深入。

安德鲁·卡耐基懂得领导的艺术，而这也正是他致富的原因。少年时代的卡耐基就显示出了他过人的组织天赋和用人之道。10岁时，他发现一般人都对自己的姓名格外敏感和重视，他甚至巧妙地利用这一点去获得别人的帮助。

那还是他童年时代的事：这个苏格兰男孩曾得到一只母兔，不久一窝小兔就降生了，可当时卡耐基自己没有什么东西可以喂养这些小家伙，但很快他想出一个点子来。他告诉左邻右舍的小伙伴们，只要谁弄来食物喂给小兔吃，他就用谁的名字来给小兔命名。

没想到这个主意竟然效果极佳，安德鲁·卡耐基也因此记住了这个儿时的发现。

多年后，运用同样的方法，安德鲁·卡耐基在事业上收益颇丰、功成名就。

例如：他要将钢轨卖给宾夕法尼亚铁路局，而汤姆生是这家铁路局的局长。安德鲁·卡耐基于是在匹兹堡建造了一个大型的钢铁厂，并将其命名为"汤姆生钢铁厂"。

试想，宾夕法尼亚铁路局买钢轨时，汤姆生会到哪一家去采购？

还有一次，当卡耐基和布尔姆竞争小型汽车、小客车业务权时，他又想起了儿时的经验。

安德鲁·卡耐基负责的中央运输公司和布尔姆所经营的公司，为得到太平洋铁路的小型汽车、小客车业务争执不下，互相排挤、接连削价，几乎弄到两败俱伤。于是卡耐基和布尔姆都到纽约去拜访太平洋铁路局的董事会。那天晚上，在圣尼古拉大饭店两人相遇了，卡耐基说："晚安，布尔姆先生，你看咱们俩这不是在自己找罪受吗？"

布尔姆问："此话怎讲？"

于是卡耐基就提出了他那极富建设性的建议——希望双方在此事上不再做你死我活的无谓竞争，而是双方合作，争取双赢。

布尔姆虽然注意听着，但并没做最后的决定。最后他问："既然是一起合作的新公司，那应该叫什么名呢？"卡耐基马上就说："当然是用你布尔姆的名字命名啊。"

布尔姆立刻两眼放光，"到我房里来，"他说，"咱们好好计划一下！"正是那次谈话，改写了工业界的历史。

精准的记忆力和尊重他人姓名的做法，或许正是安德鲁·卡耐基成为一位成功领袖的秘诀。他时常为自己能够叫出很多部下的姓名而自豪。他得意地说："只要我亲自处理公司业务，公司绝对不会出现罢工的事。"

彼特华斯基也是如此，他把他的专职黑人厨师唤作"考伯先生"，这使对方感到自己很重要。

200多年前，有钱的人常以付钱给作家们的形式，让他们在作者栏中加上自己的名字。

图书馆、博物馆中不少极为珍贵的收藏品上都写有捐赠者的姓名。那些捐赠人也希望借此使自己的姓名永远延续下去。

许多人总是借口太忙而不能把别人的名字牢牢记住，而事实上他们只是不愿意费心去记罢了。他们应该不会比罗斯福更忙，可是罗斯福却集中精神反复把别人的姓名牢牢记住。他甚至能叫出与他只有一面之缘的一个普通技工的名字。

克莱斯勒汽车公司给罗斯福先生特制了一部专用的汽车，张伯伦和一位技工一起将这部车子送到白宫。我这里有一封张伯伦叙述当时情形的信，他曾对我说："罗斯福总统从我这儿知道了如何驾驶这辆有着特殊装置的车，而从他那里我却学到了为人处世的道理。"

张伯伦先生的信是这样写的："我到达白宫时，总统表现得非常高兴。他直呼我的名字，使我感到很亲切、很欣慰。尤其使我印象深刻的是，当我在讲有关这部车子的各个细节时，他都极认真地倾听。

"因为这是一部经过特殊设计的车子，罗斯福总统在那一群围观的人面前说：'这部车子简直就是个奇迹，你只要用手按一下就能驾驶自如。实在是妙不可言，这其中到底是何原理呢？要是有空把它拆开，看个明白就好了。'

"当时罗斯福的朋友和白宫的官员们也都对这部车子赞不绝口。他还专门当着众人的面对我说：'张伯伦先生，这都得感谢你啊。你肯定花费了不少心血才设计完成了这部车子，这个工程真是完美极了。'罗斯福总统注意到了车子里每一个细节的设计。他赞叹辐射器、特别反光镜、照明灯、椅垫的式样、驾驶座的位置，以及衣箱里的有着各种标记的特殊衣柜。

"他知道每一个细微之处都是我费了不少心思的，他还把这些设备的妙处特别指给罗斯福夫人、劳工部长和他的女秘书波金斯看，并对旁边的黑人侍从说：'乔琪，你要好好照顾这些经过特殊设计的衣箱。'

"我把有关驾驶方面的注意事项都讲过后，总统对我说：'好了，张伯伦先生，中央储备董事会已经等我30分钟了，我要回去工作了。'

"我是和一名技工一起到白宫的，到那儿后我便把他介绍给罗斯福总统。这名技工比较怕羞，从始至终他没有同总统说过话，而他的名字也只是刚来时被提到过一次。但得知我们要走时，总统找到这个技工，同他握手，还亲切地叫他的名字，感谢他来到华盛顿。我能看得出，总统对这名技工的致谢是发自内心的。

"返回纽约后不久，我就接到了总统亲笔签名的相片和一封感谢信。他如何有精力去记挂着这样的小事情，对我来说实在是不可思议。"

罗斯福总统知道一种最简单、最明显但却最关键的赢得好感的方法，就是记住对方的姓名，使对方感到自己很重要。但就是这样简单的事，我们中又有多少人能做到？

通常我们与一个陌生人结识之后，刚聊了没一会儿，道别时就已经完全想不起对方的名字了。

一个政治学家必修的第一课就是：牢记选民的姓名，否则将一无所获。

记住别人姓名的能力，不仅在政治上十分关键，在生意场和日常交际之中都至为重要。

这些虽然有点儿费时费力，但是正如爱默生所说："礼貌来自小小的牺牲。"

所以，如果你希望得到别人的喜欢，第三条原则就是：

记住你接触过的每一个人的名字。

4. 做个好听众

倾听从某种意义上讲是一种最得体的恭维。

最近,在纽约出版商格林伯举办的宴会上,我遇到一位著名的植物学家。之前我从未和植物学界的学者接触过,所以与他的谈话对我极具吸引力。当时我像着了魔似的,在那静听他讲的有关大麻、大植物学家浦邦和温室花园的布置等事,他还讲了关于马铃薯的怪异现象。而当他得知我也有个小型的温室花园时,他非常热忱地告诉我几个有效办法,帮助我解决了好几个问题。

在这个十几位客人在座的宴会上,我却忽略了其他所有的人,一门心思地与这位植物学家畅谈了好几个小时。午夜时分,我向每个人告辞,这位植物学家在主人面前对我极度恭维,说我"极富感染力"等,最后他明确指认我是一个最风趣、最健谈、具有优雅谈吐的人。

风趣?健谈?还谈吐优雅?我吗?而我压根儿就没有说几句话!就算当时我真的想说,也无从说起。因为植物学方面的事,我知之甚少。

但我知道我始终在注意倾听,而且是那种真正感兴趣的全神贯注地倾听,同时他也觉察到了这一点,所以他当然十分高兴。要知道,倾听从某种意义上讲是一种最得体的恭维。伍福特在《异乡人之恋》一书中曾说过:"很少有人能拒绝那专注倾听所包含的谄媚。"

我告诉那位植物学家,我对他的悉心指导有浓厚的兴趣,确实如此;

我还说我希望像他那样有这么丰富的学识，的确如此；之后我又对他说，希望能再次见到他，发自真心。

就是这些简短的话，使他认为我健谈。其实，我不过是善于聆听，并且善于鼓励他谈话罢了。

把一桩生意谈成，有秘诀吗？正如笃实的学者依烈奥脱所说："谈生意如果说有什么诀窍的话，那就是认真聆听，这是唯一的也是最重要的！"

道理很明显不是吗？你不需要是哈佛的毕业生就能明白。但生活中我们看到的是，那么多商家租用豪华的店面，引进物美价廉的商品，装饰耀眼的橱窗，投入巨额的广告费，可雇来的却是一些对顾客的话极不耐烦的店员。那些店员，截断顾客的话、反驳顾客、激怒顾客，就差没有亲自下逐客令！

胡顿先生就遇到过类似的事。这是他在我们班上讲的。

"我在近海的新泽西州纽华城的一家商场买了一套衣服。这套衣服穿后实在令人沮丧，上衣褪色，把衬衫领子都弄黑了。于是我把衣服拿回那家百货公司，找到当时和我交易的店员，想告诉他衣服的事。注意，我是'想'告诉，但事实上我办不到，想要说的话一次又一次被堵了回来。

"那店员没好气地说：'这种衣服，卖出去已有几千套了，从没听说有这种状况发生。'

"那店员声音大得出奇，一副理直气壮的架势，好像在说：'你真是没事找事，别以为我好欺负，哼！瞧我给你点儿颜色看看！'

"争论处于白热化时，另外一个店员插嘴说：'黑色的衣服起初都

难免会褪一点儿颜色，再说这种价钱的衣服就这样。都是料子的事！'

"当时我真是火冒三丈。一个店员怀疑我的动机，另一个店员暗示我自作自受，买的是次等货。我忍无可忍，正想和他们大闹一场，他们的部门经理走了过来。

"这个经理很老练，他彻底把我的不满消除了。他使一个恼怒的人，转而成了一个满意的顾客。他是怎么做到的？三个步骤：

"第一，他请我从头到尾，说出我把衣服拿回家后的经过，并认真听着，没有打断过我，也没插一句话。

"第二，那些话刚讲完，那两个店员又准备和我理论。但经理却站在我这边跟他们辩论。他不仅明确指出我衬衫的领子很明显是这套衣服染污的，还坚持表示这种不能让顾客满意的东西根本就不应该卖出去。

"第三，他承认他忽视了这样一套差劲的衣服竟会被售出，接着他直奔主题：'你觉得该怎么处理这套衣服就尽管说，我们保证做到您满意为止。'

"数分钟前，我还一心一意地想把衣服退掉，但此时我改变了主意。我说：'这个我还是听你的建议吧，我就是想问清楚，褪色情形是否只是暂时现象？或者是否有办法使这套衣服不再继续褪色？'

"他建议我再穿一星期看看！他承诺说：'如果到时还是褪色，就拿来换一套满意的。给你添麻烦了，实在抱歉！'离开那家商店时，我心里才比较平衡，而且那套衣服穿了一阵，果然就不褪色了，而我对那家商店重新建立了信心。那位先生不愧是那个部门的负责人，至于店员，他们不但终身要停留在店员阶层,我看干脆把他们降到包装部,永远不要与顾客接触。"

即使最吹毛求疵、无理取闹的人,也会在一个具有耐性和同情心的倾听者面前逐渐软化!这位倾听者,必须在怒不可遏的寻衅者面前具备过人的沉着,并保持镇定。

许多年前的一个早上,一位怒不可遏的客户闯进笛特毛呢公司创办人笛特的办公室。

笛特先生向我解释说:"这人欠我们 15 美元,但他并不承认这件事。公司信用部因为知道问题出在他那儿,就坚持让他付款。他接到几封催款信后,风风火火赶到芝加哥,没好气地闯入办公室告诉我,他拒绝付那笔钱,而且还表示,以后公司要想和他在生意上合作,连门儿都没有。

"我把他的话耐心听完,其实好几次我都差点儿想打断他并跟他理

论，但还是忍住了。我让他发泄得差不多了，怒气快平息时才平静地说：'你专门来到芝加哥把这件事告诉我，我很感激。因为你的做法其实帮了我们公司的大忙。如果公司信用部使你这么不满，他们肯定也会得罪别的客户，后果简直不堪设想。所以你要相信我，我非常想弄清楚这件事情的原委。'

"听完我的话，他表现得好像有点儿泄气，显然他怎么也没想到会是这样的场面。他来这里本来是要和我大闹一场，理论一番。结果我非但没有和他争辩，反而还感谢了他。我心平气和地向他表示，那15美元的款项我们会从账目中取消，此事就这样一笔勾销。这样的处理我对他做了这样的解释——细心如他，所需要处理的也只是一份账目，而职员们有成千上万份账目需要处理，所以出错率应该比他要高。

"我还对他的处境深表同情，说如果换成我遇到这种事情肯定和他的反应差不多。由于他不再买我们公司货物，我还特别推荐了其他几家毛呢公司给他。

"以往他来芝加哥时，就常和我共进午餐，那天我照旧请他吃饭，他勉强答应了。午餐后回到我的办公室，他订了比原来还要多的货物，然后心情平静地离开了。他回去后或许是仔细查过了自己的账单，发现是他先前放错了地方，于是他把那15美元的账款汇过来，还写了道歉信。

"后来他给他儿子取的名字就是笛特。而他直到二十二年后去世之前，始终是我们公司的忠实主顾，也是我很好的朋友。"

身为资深名记的马可逊，曾对很多叱咤风云的大人物进行过专访。他对我们的告诫是："许多人之所以给人留下的印象不佳，皆在于他们不善于倾听，他们只是忙着要发表自己的见解，却从不记得把自己的耳朵张开。"马可逊又说："一些名人曾对我说过，他们欣赏的往往并不是那些滔滔不绝的人，而是那些善于聆听的人。有倾听能力的人，其实比具有好性格的人还要少见。"而名人的这个喜好，在普通人身上依然适用，没有人不喜欢人家聆听自己的高论。

《读者文摘》上有句话说得好："人们找医生，无非是在找倾听者罢了。"

假使你不怕被人笑话，被人敬而远之地躲开去，甚至让人打心眼儿里瞧不起你，你只需要忽视别人的讲话而不断插入自己的观点就可以了。通常在别人谈论什么事情的时候，你会发现自己的见解比他们高明多了，于是迫不及待地在那里口若悬河。没错，你不屑花时间去听别人那些毫无价值的话，你想要做的就是制止他们并推销自己。

你见识过这样的人没有？不幸的是，我就碰到过。令人匪夷所思的是，他们有些还是社交界的名人。这样的人往往遭人厌恶，他们自以为是并极为自恋。

"那些专注于谈论自己的人，只知道为自己考虑。"哥伦比亚大学校长白德勒博士说过，"这种人无药可救，简直毫无教养！"白德勒博士又说："不管他有多高的学历，他其实相当于没有受过教育。"

如果你想拥有优美而博得好感的谈吐，你需要善于倾听。提问题要找对方乐意回答的问题，鼓励他谈谈他自己和他的成就。

你不能忘记的是：对和你谈话的那个人来说，他的需要和他自己的事情永远比你的事重要得多。在他的生活中，他要是牙痛，要比发生天灾导致数百万人伤亡的事情还更重大。他对自己头上小疮的在意，要比对一起大地震的关注还要更多。

所以，如果你希望得到别人的喜欢，第四条原则就是：

善于倾听，并鼓励别人多谈谈他们自己。

5. 谈论对方感兴趣的话题

最使对方难忘的谈话，莫过于谈论他所熟知的事情。

但凡去牡蛎湾拜访过罗斯福的人，无不赞叹他的渊博学识。勃莱福特曾说过："不管是牧童还是骑士，政客或是外交家，与他们任何一个人谈话时，罗斯福都有话题可聊。"如何能做到这些呢？显然，在客人来访之前罗斯福就已把对方喜欢谈论的话题和特别感兴趣的事了解清楚并做过充分的准备。

罗斯福具有领袖才干，懂得沟通技巧。最使对方难忘的谈话莫过于谈论他所熟知的事情。耶鲁大学文学院前任教授费尔浦司在少年时代便已知晓这个道理，他曾说："8岁时的一个周六，我去姑妈家度假，有位中年人那晚也去了姑妈家。寒暄后，他把注意力转到我身上。我那时正痴迷关于帆船的方方面面，而和那个客人谈到帆船的话题时，他好像也很感兴趣。我们谈得非常投机，而那次的谈话至今令我记忆犹新。后来我还对姑妈说，这人对帆船也很关注，真不错。姑妈说那人是律师，按说他对帆船不会有兴趣的。我问：'那他始终都在围绕帆船的事情跟我聊啊。'姑妈告诉我说：'他是一位有修养的绅士，为了得到欢迎自然会迎合你感兴趣的话题，陪你聊帆船就是如此。'"费尔浦司教授又说，"姑妈的话我记忆犹新，永远不会忘记。"

这个方法在生意场上是否也同样适用呢？有这样一个例子。

杜凡诺先生是纽约一家面包公司的经理，他想让一家大旅馆订购

他们公司的面包。为此他积极奔走了整整4个年头,找那家旅馆的经理几乎成了每周的惯例。那位经理去某个交际场所,为了创造见面机会,杜凡诺也跟着到那里。为获得生意,他甚至还在附近的旅馆租下一间房,但都一无所获。杜凡诺先生说:"后来,在卡耐基先生的班上,我才知道应该改变策略,想办法找出他的兴奋点。但什么事情会引起他的关注呢?

"我发现他不仅是美国旅馆业公会的会员,还因热心推进这个公会业务被推举为这个团体的主席。他还同时兼任国际旅馆业联合会会长。不论开会地点在哪里,他都会飞越高山、穿过沙漠、横渡大海,尽心尽职地到那里开会。所以第二天我又去见他时,就向他详细询问了这个组织的情况。他兴高采烈地把这个公会的方方面面介绍给我，看来我找对了话题，那个团体正是他的兴趣所在，是他生活的一部分。我对该组织所表现的极大兴趣也让他非常开心，谈话接近尾声时，我还受邀加入他们的团体。那时我没提面包的事，几天后，他旅馆里的负责人打电话给我，让我把面包的价目和样品送过去。到旅馆时，那管事招呼我说：'真不知道你这回又下了些什么功夫，不过，这下你的确是搔到他的痒处了。'"

所以，如果你想受到别人的欢迎和帮助，第五条原则就是：

谈论对方感兴趣的话题。

6. 瞬间博得好感的方法

你不必非要等到春风得意，等到当了驻法大使或是做了一个大型俱乐部主席时，才有心思去看到别人的闪光点，才开始赞赏别人。事实上，几乎每天你都可以这么做。

在纽约的33号街第八号路的邮局里，我排队等着发一封挂号信。我发现里面的邮务员显得很烦躁。称信、递邮票、找零、分发收据——这样单调的工作，日复一日。

所以我对自己说："我要让他很快开心起来就得说些有趣的事，而且得与他有关。"于是我开始观察思考，他哪方面值得赞赏。当对方是个素昧平生的陌生人时，这一点似乎不太容易办到。但我很快发现，在这个邮务员身上有一桩值得夸赞的事。

当他给我称信时，我友善地说："真希望有像你一样好的头发！"

那邮务员抬起头，愣了一下，继而笑起来，客气地说："以前还要更好一些呢！"我很肯定地对他说，就算不如从前那样有光泽，现在看起来仍很不错。他听了很高兴，愉快地和我聊了几句，最后还乐滋滋地跟我说："其实好多人都这么说。"

我敢说，那位邮务员下班时的脚步肯定比任何时候都更轻快。到家里后他会把这事跟太太说，而且还会边照镜子边说："瞧，我的头发确实还不赖。"

我曾当众讲过这件事，于是有人问："从那个邮务员身上你想得到的是什么呢？"

想得到什么呢？我想要从那个邮务员身上得到什么？

假如我们已经自私到因为不能从别人身上得到什么便不愿意带给别人一点儿快乐，假如我们的气度比一个酸苹果还小，那我们最终能够得到的肯定是失败。

我想我那样做确实是想得到些什么，一些极贵重的东西，而我已经得到了——我无偿地做了一件令他开心的事。任凭时光荏苒，在他的记忆里，那件事依然可以闪耀出光芒。

有一项定律对人类的行为十分重要，如果能够遵守它，我们也许再也不会忧愁。

只要遵守这项定律，我们就能拥有很多朋友和无尽的欢欣。若违反了那项定律，困难就会接踵而来。这项定律就是：永远让别人感到他自己很重要。

杜威教授曾说："人性中最深切的冲动是'成为重要人物的欲望'。"詹姆斯博士说："人类性情中最深的渴求就是被认同的情绪。"我也曾说过，人和动物间有一项重要差别，即人类渴求受到重视，而人类文明也正发源于此。

数千年来，哲学家们对人与人之间的关系不断进行探索和追问，结果只有一条定律得到反复印证。这条定律甚至与历史本身一样古老！3000多年前，索罗斯特就曾让所有的拜火教徒铭记那条定律。24个世纪以前，中国的孔子和老子都曾向他们的弟子传授这样的定律。公元前500年，释迦牟尼也使那条定律在世间广为流传。那条定律还被融合进耶稣的思想体系中。这条世界上最为重要的定律是："用你希望别人对待你的方式去对待别人。"

你希望周围的人都赞成你、认同你，希望能受到他们的重视。你不愿意获得那些没有意义、假惺惺的奉承，你渴求的是发自内心的真诚赞赏。你巴不得所有朋友，都能如史华伯所说的那样"诚于嘉奖，乐于称道"。事实上每个人都希望如此。

所以每个人都应遵守这条金科玉律，把希望从别人那里得到的，也同样给予别人。

什么时候去做？在哪儿做？答案就是："任何时间，任何地点。"

比如有一次，我为了打听苏文的办公室号码跑到无线电城询问处。那个穿着整洁的询问员以一副分外高贵的姿态吐字清晰地回答我："亨利·苏文（顿了顿），18楼（顿了顿），1816室。"

我本来正向电梯走去，但很快又折了回来，对那个询问员说："你的姿态很优雅，问题也回答得很清晰得当，看起来像一个艺术家，很不简单啊。"

他脸上立刻焕发出光彩，接着他告诉我说话时中间顿一顿的理由，以及每句话中为何那几个字要那样说。说完他高兴地把领带稍微往上拉了拉。当我乘电梯上了18楼时，觉得我又给这个世界的快乐总量加了一点儿。

你不必非要等到春风得意，等到当了驻法大使或是做了一个大型俱乐部主席时，才有心思去看到别人的闪光点，才开始赞赏别人。事实上，几乎每天你都可以这么做。

一些普通的客气话,像"对不起、麻烦你、请你、你会介意吗、谢谢……"这类话,可减少人与人之间的摩擦和纠纷,同时高贵的人格也自然地显现出来。

如同每个国家都自认是世界的中心一样,几乎每个人都认为自己是最重要的。

比之于日本人,你是否觉得更有优越感?可实际上,日本人觉得自己不知道要比你优越多少倍。假如被守旧的日本人看到他们爱的女人和一个白种人跳舞,那他一定非常恼怒。

你以为你比印度人优越?你有权这样想,可是他们的感觉跟你恰恰相反。

你当然可以觉得你至少要比因纽特人优越一些。可是因纽特人的看法是怎样的呢?他们通常把那些好吃懒做、不务正业的无赖称为"白人"。那是他们最轻蔑、最刻薄的说法。

每一个国家都觉得自己是最优秀的,于是就产生了爱国主义情绪和战争。

可以说,你所遇到的任何人,都会觉得自己比你优秀,或者至少是在某个方面。这是个放之四海而皆准的真理。你若想让自己深入人心,那就需要让对方觉得你承认他在自己的小天地里既高贵又重要,而且让他感受到你想法的真诚。

记住爱默生的话:"凡我所遇到的人都有他们的长处,有他们比我强的地方,我就学他那些好的地方。"

很多人很容易在刚刚小有成绩的时候就骄傲自大,结果却是惹人憎恶。

莎士比亚说过:"人,骄傲的人,凭借着微薄本领便在上帝面前胡作非为,让天使为之落泪。"

我的讲习班里有三个学员就曾因为运用了这条原理,而取得了惊人效果。先来说一个来自康涅狄格州的律师,他不愿意把名字公开,我们就暂且称他为R先生。R先生到讲习班的时间不长。一天,他驾车陪太太去长岛拜访亲戚,结果他太太留他陪老姑妈闲谈,自己又去看别的亲戚了。R先生为了实践一下讲习班所讲内容以便撰写报告,便准备从这位老姑妈身上开始。他观察了一下屋子,想看看有什么可以夸赞一下。

他问老姑妈:"这栋房子建于1890年吗?"

"是啊,"老姑妈回答,"正是那年。"

他又说:"这栋房子让我想起我小时候住的那栋老房子——建筑风格非常好,很漂亮。现在的人都不太讲究这些了。"

"可不是吗,"老姑妈点点头,"年轻人只需要一间小公寓和一台电冰箱,再有就是一部汽车而已,早就不讲究住好看的房子了。"

老姑妈仿佛陷入了久远的回忆中,轻柔地说:"这是一栋用'爱'建造而成的房子。我和我丈夫早年一直都梦想能有这样的房子。我们没有请设计师,这完全是按我们自己的设想建造的。"

老姑妈带着R先生参观了每个房间。R先生对她一生珍爱的那些收藏品,像法式床椅、一套古式的英国茶具、意大利的名画和一幅曾在封建时代的法国城堡里挂的丝制帷幕,都真诚地加以赞美。

R先生还说:"参观完房间后,她又带我参观车库,里面有一辆崭新而气派的'派凯特'牌汽车。"

她动情地说:"这是我丈夫去世前不久买的。他去世后,车子就一直停在这里——你爱欣赏美的东西,这部车子现在起就属于你了!"

听老姑妈这么说,R先生非常意外,本能地婉转辞谢:"姑妈,实在感激您的好意,但我不能接受。我的车子也是刚买不久,而你也有不少更亲密的亲戚,相信他们也会喜欢这部车的。"

"亲戚?"老姑妈的声音提高了一些,"没错,我有很多关系更近的亲戚。他们巴不得我赶快离开这个世界,这样车子就可以尽快属于他们,可是,我不会让他们得逞的。"

R先生说:"姑妈,或者您可以考虑把车子卖掉。"

"卖掉?"老姑妈这次声调更高了,"难道你认为我会卖掉这部车子吗?你想我怎么会忍心看着陌生人拥有它呢?这是我丈夫特地买给我的,就是做梦也不会想到把它卖掉啊。我之所以愿意把它交付于你,是因你懂得欣赏!"

R先生不愿接受如此昂贵的馈赠,但他不能刺伤老姑妈的感情。

老太太一个人独居在这栋宽敞的房子里,望着屋子里那些别致、珍贵的陈设,缅怀从前的岁月——她企盼有一个人,与她分享这房子中渗透着感情的点点滴滴。她也有过花样的年华,那时她优雅可人,深得绅士们的仰慕。她和所爱的人一起设计建造了这样一栋饱含温暖和爱的印记的房屋,她甚至从欧洲各地搜集了各种珍品来装潢陈设。

如今风烛残年的老姑妈,风华不再、孤身一人。但她依然渴望着能

获得哪怕一点点来自绅士的温暖和他们发自真心的赞美——可是直到 R 先生到来之前，她从来都没有如愿。于是当 R 先生出现时，他那由衷的关注和赞美犹如沙漠中的甘露，使她心存感激，乃至愿意把这部她视若至宝的"派凯特"牌汽车慷慨相赠。

这奇妙的试金石我们要从哪里开始实施呢？何不从你自己的家庭开始呢？也许没有哪个地方能比这里更为需要，而且再没有比这里更容易被忽略的地方了。我想既然你当初选择了你妻子做你的终身伴侣，那么她必定有她的优点，至少曾经有过。想想看，你是否对她的美丽忽视了太久？有多久？

有一次，我独自住在加拿大森林的一个帐篷里，并在纽白伦斯维克的米拉密契河钓鱼。镇上每天会出版一份报纸，而那也是我一天中唯一能读到的东西。大概是没什么别的事情可做，我详细地看过报纸上的每一个字。报上有一个专栏，是"狄克斯婚姻指导"。她文章写得非常好，我还特意把它剪下保存起来。文章上说，她已经听厌了人们对新娘讲的话，她认为有些建议需要给新郎提出来才比较明智。

她的建议是："如果你连甜言蜜语都不会说，那索性就不要结婚。如果你只知道在结婚前赞美女人，实在没什么稀奇，几乎人人都会那么做；你要承诺婚后也给她赞美才行。这一点是十分必要的，因婚姻也需要经营，这需要有外交的手腕，而不仅仅是诚实。"

想生活美满幸福，那就切莫在治家方面对你的太太求全责备，甚至拿她和你的母亲做毫无意义的比较。相反，你应该赞美她持家有道，并能够真诚地表示，你得到这么一位贤内助真是自己的福分。若是她的厨艺不佳，甚至做的饭菜简直没法下咽（即使这样，抱怨也绝非明智之举），你不妨做这样的暗示："亲爱的，今天的饭菜是不是没有昨天那么可口啊？"如此一来，她日后肯定精心准备，直到你满意为止。

当然，也不能突然就开始这样做，你太太会疑心的。

不如就今晚，要不然就明晚，先买一束鲜花，或是一盒糖果送给她——单单表示这是你应该做的，这还不够，你需要给她微笑，而且要温柔，要配以甜言蜜语。丈夫们如果都能这样做，我相信闹离婚的夫妇数量一定大大减少。

知道俘获女人心的妙招吗？是的，这里的秘诀必定有神效，而且并非我杜撰，我是从狄克斯女士那里领会到的。

狄克斯女士曾访问过一位已成为新闻人物的重婚者。这人使23个女人芳心大悦，并把她们自己连同银行里的存款全交付给了他（访问是在监狱进行的）。当被问及他是如何得到女人的爱情时，他说并没用什么诡计，只要多谈她们自己就可以了。

这方法用到男人身上一样奏效。英国最聪明的首相狄瑞理曾说："和男人交谈时，只要多谈论对方的事，谈话会长达数小时之久。"

所以，想赢得别人的心，第六条规则就是：

永远让别人感到他自己很重要。

说了这么多，现在请合上书，看见距离你最近的那个人了吗？尝试一下吧，看看会有什么神奇的效果。

Lesson 3
让人同意你的 10 种方法

1. 你不可能在争辩中获胜

一场辩论下来，十有八九的结果都是没有结果，无论输赢，双方只会对各自的观点更加肯定。

第二次世界大战结束后不久，我在伦敦获得一个极宝贵的经验。那时我担任澳洲飞行家史密斯的经理人，他在大战期间曾担任澳大利亚代表在巴勒斯坦做飞行工作。战事结束，世界和平后没过多久，史密斯用了30天时间绕地球半周。这件事震惊了世界，澳洲政府给他颁赠了5万美元奖金，同时他还得到了英皇授予的爵位。

在那些岁月里，史密斯爵士成为大英帝国领土上一个备受瞩目的人物。他被誉为不列颠王国的"林白"。记得在一次欢迎史密斯爵士的晚宴上，在我旁边坐的一位来宾讲了一个很有趣的故事，当时还用了句成语。

他还说那句成语出自《圣经》！我一听就知道他错了，那明明是莎翁作品里的话。一种想显示自己博学、优越的心情抓住了我，我迫不及待地且毫无顾忌地指出了他的错误。而那人却不承认，他说："什么？莎士比亚？不是吧，绝对不可能。是《圣经》里的，没错。"

坐在我左边的是我的老朋友贾蒙，贾蒙研究莎士比亚作品已经好多年了，所以我和讲故事的那位来宾都同意由贾蒙来裁决。贾蒙静听了一会儿，在桌下用脚踢了我一下说："戴尔，是你记错了，这位先生才对，那句话

是出自《圣经》。"

回家路上，我对贾蒙说："怎么是我记错了呢？那句话你不可能不知道是出自莎士比亚的作品啊。"

贾蒙笑笑说："那的确是出自莎士比亚的作品，是《哈姆雷特》第五幕第二场里的句子。可是你肯定明白，戴尔，我们作为宴会上的客人，非要找出一个证明去证实别人无意中的差错吗？这样做人家还会对你产生好感吗？给他留点儿面子有什么不好呢？他当时又没有征求你的意见，也不要你的意见，你何必跟他争辩？最后我要说，戴尔，正面冲突永远都要避免才行。"

"永远避免正面冲突！"说这句话的人已经去世，可是我却始终记着他给我的这个忠告。

那晚的事情对我的影响很大，本来我是个固执的人，从小就爱跟兄弟们争辩，上大学后，我还专门研究了逻辑和辩论术，而且经常参加各项辩论比赛。后来我在纽约开了辩论学的课，甚至还曾计划过写一部辩论方面的书，真是难为情。

从那时起，我观察过数千次的辩论，对辩论后产生的影响尤其关注。经历这些后，我发现一个颠扑不破的真理：天下只有一种方法可以得到辩论的最大胜利，那就是尽量避免辩论，要像躲开毒蛇一样躲开它。

一场辩论下来，十有八九的结果都是没有结果，无论输赢，双方只会对各自的观点更加肯定。

你永远不要奢望能从辩论中获取真正的胜利。就算胜了，到头来还是会觉得若有所失。为什么这样说呢？假定你在辩论中占了绝对的优势，把对方观点驳斥得体无完肤，证明他错得一塌糊涂。这又能怎么样呢？你或许很得意，可是对方不是感觉到自卑，就是感到自尊心遭到严重损害，并且肯定对你一百个不服不满。

须知，在那种情况下，就是嘴上承认自己落败，心里也不会服气的。

巴恩互助人寿保险公司就为他们的职员定下一条纪律："永远不要争辩。"

真正成功的推销员绝不会跟顾客争辩，就算是最轻微而不露痕迹的争论也要不得。毕竟人们的思维方式和他固有的想法是很难被别人说服和改变的。

举例来说：数年前，有一个叫奥哈尔的爱尔兰人，他特别爱和人争辩。他也是我们班上的学员。他受的教育不多，当过司机，后来又做了汽车公司的推销员，由于他的业绩总是不理想，才来找我的。同他聊过之后，我了解到他推销汽车时常与顾客发生口角。他说："顾客的批评实在让人不服气，于是我也会回敬他们几句，我的东西也就推销不出去了。"

对于奥哈尔，如何把话讲得漂亮并不是最重要的，我首要任务就是教他尽可能少地讲话，并且决不与别人，尤其是顾客争论。

奥哈尔如今已是纽约怀特汽车公司一位成功的推销员了。他都经历了些什么呢？他这样说：

"假如我现在走进某人的办公室，对方说：'什么？怀特汽车？那个牌子的产品根本就不怎么样，就是白送我也不想要。胡雪公司的卡车才是我要买的。'听他这么说，我不但没反对，还顺着他说：'老兄，你说得没错，胡雪的卡车确实好。你买他们的产品也是很可靠的，而且他们的推销员也很能干呢！'

"听我这样说，他无言以对，无可争论。因为我完全同意他对别的品牌的赞扬态度，他总不会在这种情况下还把胡雪牌车如何好的事一味地强调。于是我的机会来了，我接下来便把怀特牌车的优点一一向他做介绍。

"这事要是发生在以前，我肯定火冒三丈地把胡雪牌车子挑剔个遍，这样对方也自然会为自己的观点辩护，于是争辩会比较激烈，而最后吃亏的还是我。

"这么一回想，过去推销时，那些不必要的争论真是让人汗颜，多少宝贵的时间和金钱都浪费在无谓的争论中了。现在我学会了如何少讲话、不争辩。值得庆幸的是，许多事情都发生了改观，而且还不算太晚。"

睿智的富兰克林说过："辩论和反驳，或许会使你获得片刻的成就感，可是那种胜利是短暂而虚无的，因为你丧失了对方可能对你投入的好感。"

不妨衡量一下，你想逞一时的口舌之快，还是想人们赋予你好感？二者通常不可兼得。

波士顿的一本杂志上，曾经刊登过一首意味深长的小诗："这里躺着威廉姆的身体，他一生都未尝犯过错误，但他的死就像他的错误一样。"

在辩论中或许你确实是对的，可当你要说服对方时，就算你对了，也跟不对一样。

佛说："恨止恨无门，唯爱可止恨。"所以争论无法消解误会，而需要靠技巧去协调，并以同情来看待对方的观点。

林肯就曾经劝诫过一位与同事发生争执的年轻军官。林肯说："成大事者无暇计较与争论。无谓的争论伤及感情，毁坏自制力。事大事小，待人谦恭礼让均无坏处。与其跟狗抢道，被其咬伤，不如让它先行。就算最后你杀了那只狗，你的伤口还是会痛。"

所以，想让人同意你的观点，第一条规则就是：

天下只有一个方法可以让你在辩论中获得最大的胜利，那就是避免辩论。

2. 如何避免树立敌人

不要同你的顾客、丈夫、对手争辩，别指责他，别激怒他，而不妨用点儿外交技巧。

罗斯福入主白宫之后，他承认自己如果每天有75%的决策是对的，就已达到他预期的最高标准了。像罗斯福这样的大人物都不敢说自己任何时候都是正确的，更何况我们这些普通人呢？

如果你能保证一天当中有55%的决策是正确的，那你就可长驱直入华尔街，年薪千万，买游艇，娶佳人了。如果你不能保证这一点，那么别人的错误你又有什么资格去指摘呢？

你可以用神态、语调或是手势暗示一个人他错了，这和我们用言语告知同样有效。而如果你把他的错误直接指出，你以为他会认同你、感激你？不，永远不会！因为你的言语直接打击了他的智商、判断力和自尊心，这样只会激起他对你的回击而不是认可。因为你已经在感情上对他造成了伤害，所以就算你把柏拉图、康德的逻辑都用上来跟他理论也无济于事。

无论如何你都不要这样说："走着瞧吧，我会证明给你看。"这样的话无异于是在声明："在这件事上你远没有我高明，我会让你心服口服的！"

这样充满挑衅意味的话只会使对方加倍地反感，不用问，他已准备接受你的挑战了。

即使你用了最温和的措辞，要改变别人的意志也并不容易，何况在这种紧张的气氛中更是难上加难。所以你为什么不防止这样的情况发生呢？

想要证明你自己是正确的，不用当着对方的面去宣称；而要以巧妙的方式去达到目的，才会避免冒犯和得罪他人。

正如吉士公爵对他儿子的教诲："使自己比别人更聪明无疑是件好事，但切忌把这件事挂在嘴边。"

人们的观念，是随时在变化发展的，20年前我认为对的事，今天未必合理。我甚至开始对爱因斯坦的理论也抱着怀疑的态度去研读。或许再过20年，我对自己在这里所说的都将不置可否了。对任何事，我也不像从前那样敢于轻易下结论。苏格拉底曾跟他的门徒屡次提到："我唯一可以确定的就是我什么都不确定。"

我不奢望能比苏格拉底更高明，所以我要避免给出别人是错的这种结论。事实上，我发现这样于我也极为有益。

如果有人说了一句你认为是错误的话，或者你敢确定他说的不正确，想指正的话最好以这样的口吻来说比较好："哦，不如我们来探讨一下，对此我也有个看法；当然也不是特别确定，因为我经常搞不清，要是我说的不对你要帮我纠正一下。"

普天下的人，绝不会责怪你说这样的话："我们来探讨一下，要是我说的不对你要帮我纠正。"

有位科学家就是如此。有一次，我去访问史蒂文生，他既是科学家也是探险家，曾在北极圈一带住了11年。有6年时间，除清水和肉之外，他什么也吃不到。他告诉我,他正在做一项实验。于是我问他这个实验是用来证明什么的。我永远忘不了他当时的回答。他说:"一个科学家,永远不要试图去证明些什么,我只试着去追寻真相。"

你是否希望自己的思想科学化?好,没有任何人能阻止你,除了你自己。

如果你承认自己并不是时时处处都正确,就能免去一切麻烦,也不需跟任何人争论了。这样对方也便勇于承认他自己的错误。

很少有人真正能做到通达彻悟、明白事理。人们各自怀有成见,通常爱先入为主,容易嫉妒、多疑、恐惧、固执、傲慢,并且自尊心极强。人们大多无意于改变原有的信仰和思维习惯。所以,如果你忍不住总想指出别人的错误,请你每天早餐前,读一读下边这段话,或者能对你有益:

"有时我们发现自己在毫无阻力的情况下很容易改变自己的思想。可是,一旦有人告诉我们这种思想是错误的,我们即产生抵抗和逆反情绪,并开始极力维护这种想法,这就导致本来可能已经动摇的思想反而因此骤然坚实起来。并非是我们对那份意念有强烈的认可和偏爱,而是我们的自尊受到了威胁。

"人与人相处时,'我的'两字是重要的措辞,如能恰当运用,无疑会成为智慧之源。无论是'我的'饭,'我的'狗,'我的'屋子,'我的'父亲,'我的'上帝,这措辞都具有同样的力量。

"我们不乐意有人说我们的表不准,或是我们的车太旧,而且也不愿被别人指出我们的观点是错的。我们总是倾向于继续保持个人的固有观念。一旦这些观点遭到质疑,我们就会极力用各种方法来为之辩护。"

有一次，我请了一个设计师，为我的家布置窗帘。等我拿到账单，吓了一跳。

几天后，有位朋友来我家，看到窗帘后一问价钱，幸灾乐祸地惊呼："什么？贵得离谱！看来你这回肯定挨宰了。"

显然，她说得没错，我自己看账单时也这么觉得。可是听到他这样说我却很不乐意，我甚至为自己辩护，说一分价钱一分货，这个错不了之类的话。

第二天，又有朋友到我家，她很诚恳地对窗帘表示赞赏。她还说希望自己也能有这样的窗帘。一听这话，我的态度完全不一样了，我说："说实话，我买这套窗帘，八成是挨宰了，太贵了，真有点儿后悔。"

犯错的时候，我们或许会对自己承认；如果对方能给我们主动承认的机会，我们也会对别人承认。可若有人把不合胃口的事实，硬塞进我们的喉咙，我们是不会让他得逞的。

如果你想知道，人与人之间的相处之道，以及管理你自己、改进你人格的方法，你可以读读本杰明·富兰克林的自传。这是一部有趣的传记，也是一部美国文学名著。

在自传中，富兰克林指出了他是怎样改正他的各种不良习惯并最终成为美国历史上最出色的外交官的。

当富兰克林还是一个不断犯错的年轻人时，一位教友会里的老教友曾把他叫到一边，狠狠训了一顿："本，你真是太不应该了。只要有人说错了，或者和你有不同意见，你就会毫不留情地攻击对方。现在谁还会在乎你的意见？大家都发觉你不在时，他们才更开心。你懂的太多了，没有人再能教你什么。其实，也没人会再告诉你什么，你除了目前有限的见识外,不会再有什么进步。"

据我所知,富兰克林的成功,与那位老教友尖锐恳切的训诫关系密切。那时富兰克林的年纪已不小,能成熟地思考这其中的道理。他发现如果不痛改前非,必会遭到社会的唾弃。所以他把自己过去所有的不妥之处迅速地改正了。

富兰克林说:"我立下了一条原则:决不固执己见,决不正面反对或攻击别人的意见。凡是语气武断的用词,诸如'当然''千真万确'等,我都要慎用,而尽量使用诸如'我推断''据我所知'等语气委婉的词。当别人指出我的错误时,我不准自己立刻就反驳对方,而是婉转告知,在某一种情形下,他所指的是对的,但是现在或许有所不同。不久,我就感觉到,新的态度给我的生活带来改变,我在进行任何一次谈话的时候,大家彼此都感到更融洽、更愉快。我谦虚地表达自己的见解,他们会更容易接受。我自己如果出了错,也并不感到很难堪。如果恰好我是对的,在说服对方接受我的观点时,也更为容易。

"刚开始尝试这种做法时,确实觉得这和自己的秉性有很大冲突,时间一长就习惯成自然了。50年来,估计已没有人听我说过武断的话。也正是由于这种习惯的养成,使得我提出每一项建议都获得人们热烈的支持。我不善言辞,口才一般,用词也不够生动,说出来的话也未必得体,但通常这些意见都能获得人们的赞同。"

富兰克林的方法,用在商业上效果怎样呢?我们来举两个例子。

纽约自由街114号的居民玛霍尼负责售卖一种煤油业专用的设备。有一位长岛的客户向他订了一批货。那批货的制造图样双方也都达成了共识,机件都已经投入生产。这时却出现了意外的状况。

这位主顾在同朋友们谈起这件事时,被朋友们你一言我一语地说了一顿。他们不是说太宽太短,就是说这个那个,他听后也动摇了,感到烦躁不安起来。于是这位买主立即打电话告知玛霍尼,说什么也不愿意接受那批已投产的机件设备。

玛霍尼接着说:"细心查看后,我发现投产的设备在各项指标上都准确无误。我知道他和他的朋友们对制造过程并不十分了解。但是我要是非说自己没有错,是他们的判断有误,那这项业务的进展必将更加危险。所以我赶往长岛去解决此事。他一见到我,立刻从办公室的座椅上跳了起来,声色俱厉地指责我和我的设备,一副要大干一仗的架势。最后他说:'现在这个局面你打算怎么收拾?'

"我平静地告诉他,一切都照他的意思办。我对他说:'你是出资人,设备肯定要符合你的要求。如果你坚持拒绝这批投产的货,那就请再给

我一张新的图样重新制造。虽然已投产的设备已经花去 2000 美元，但为使您满意，我承担这笔费用，把进行中的那些工作取消。

"不过我必须把话说清楚，如果按你的新图样制造，出现任何差错的话，其责任要由你全部承担。但如果你听取我们的意见按照原计划进行，后果将会由我们全部负责。

"他听后，没有刚开始那么气愤了，最后他说：'好吧，按原计划操作吧，若最后真的有问题，只好求上帝保佑你了。'

"结果，终于是我们做对了，现在他又向我们订了两批货。

"当那位主顾把我骂得狗血喷头，几乎要向我挥拳头，说我外行时，我极力克制自己不跟他争论。我做到了，结果证明那样的克制非常必要和值得。

"当时如果我一冲动指出那其实是他的错误，是他外行，我们肯定会争执得不可开交，说不定还得闹到法庭上。其结果不只是双方反目，经济上两败俱伤，一个极重要的主顾也会因此彻底失去。我深深体会到，直接指出对方的错是不明智的。"

或者说，不要同你的顾客、丈夫、对手争辩，别指责他，别激怒他，而不妨用点儿外交技巧。

在基督降生之前 2200 年，埃及国王给儿子的忠告在今天看来依然适用，即：外交技巧能帮助你达到最终目的。

所以，想让人同意你的观点，第二条规则就是：

尊重别人的意见，永远别说"你错了"。

3. 如果你错了就承认

假如我们是对的，就要巧妙婉转地让别人赞同我们的观点。相反，要是错在我们的时候，我们则要坦率地认错。这种方法不但效果卓著，而且在不少情况下，比同别人争辩更为有趣。

我虽然住在纽约的市中心，可是从家走到附近的一片广阔的大树林却只有一分钟的路程。春天的时候，树林里遍布着盛开的野花，松鼠在那里筑巢育子，马尾草长得有马头那么高。这块完整的林地，人们把它称作"森林公园"。

那真是一片原始森林，或许跟哥伦布发现美洲时所见到的没多大分别。我经常带着那只波士顿哈巴狗雷克斯在公园里散步，它是一只没有攻击性的小狗，可爱而驯良。由于公园里人并不多，所以我从不给雷克斯系皮带或口笼。

有一天，我和雷克斯看到一个骑马的警察，一个急于要显示他权威的警察。

他向我大声说："你让那只狗在公园乱跑，而且既不系皮带也没戴口笼，这是违法的，难道你不知道吗？"

"是，我知道，"我轻声回答，"不过我认为它不会咬人的。"

那警察严厉地说："你认为！你认为！法律面前可不管你是怎么认为的。你那只狗没准会伤害到松鼠，或者咬伤儿童。这次我就不追究了，若下次再发现这种情况,你就得上法庭理论了。"

我点点头,答应遵守他的话。

我是真按照那警察的话做了——不过只遵守了几次。原因是雷克斯不喜欢在嘴上套上一个口笼,我也不忍心总是给它套那个。于是我们怀着侥幸心理一切照旧。头几回都没什么事,直到那次,我带雷克斯跑到一座小山上,朝前面看去,一眼就看到那个骑马的警察。雷克斯当然不会意识到发生了什么,它蹦蹦跳跳地跑在前面,直向警察那边冲去。

我暗想这次糟了,所以还没等那警察开口,就干脆自己认错说:"警官,我愿意接受任何处罚,你上次警告过我不能再犯。"

那警察则语气温和地说:"哦,我也发现在没有人的时候,把小狗放出来在公园里遛一下,是挺有意思的事!"

我苦笑了一下,说:"是的,挺有意思的,但毕竟触犯了法律。"

没想到那警察却说:"这种小哈巴狗,应该不会有什么攻击性吧。"

我也表现得很认真地说:"可是,它可能会伤及松鼠!"

那警察对我说:"其实事情没那么严重。这样吧,只要你让那只小狗跑过山那边我看不到的地方,这件事也就算了。"

这个警察与普通人一样,他需要得到一种受重视感。当我主动承认错误时,他则表现出宽厚的态度,显示出他的仁慈,这也是唯一能使他的自尊心获得更大满足的方式。

如果我跟那个警察争辩,后果不堪设想。

我不会和他发生正面冲突,我承认他的绝对权威,而我是绝对地犯规。

我勇敢而坦白地承认错误，我们各得其所，事情便圆满地结束了。这个警察表现得那么仁慈，而就在上次，他还严厉地用法律来吓唬我。

假如我们已知道错在自己，受罚在所难免，这时候与其听到别人的批评还不如先勇敢承认错误。

你要是知道某人很可能会责备你，就干脆找个机会把对方想要说的话先说出来，这样他反而就不好意思再多说什么了，于是你多半可以获得他的谅解，正像我和雷克斯遇到的情况一样。

商业美术家华仑就曾用这种方法赢得了一个爱吹毛求疵的顾客的好感。

华仑说："在给广告或出版物绘图时，简明准确地传达信息十分重要。有些客户把工作交代给美术编辑合之后，在时间的要求上十分苛刻。工作赶得这么紧，错误便在所难免。而有一位负责美术方面业务的客户，总是爱挑毛病，我常常乘兴而来，败兴而归。挑剔倒也不怕，怕就怕他挑的错都不是那么回事。

"最近，在我把一件匆忙中完成的画稿交过去之后，便接到他的电话，要我马上去他办公室。不出我所料，他怒气冲冲，眼看就要劈头盖脸地朝我发一通脾气。这时我突然想到不如自我批评试试看。于是我抢先跟他说：'先生，我知道你会生气，这样的疏忽实在是不可饶恕。你交代给我那么多工作，长期以来对我一直很照顾，我本该画完美些才对，实在是惭愧！'

"那位客户听我一顿自责，反而有点儿不好意思，于是替我分辩说：'情况也没有那么糟，只是有些小地方还需要改动。'

"我继续自责道：'不管怎么说总会有不良影响，让人看了不愉快。'

"他想插嘴进来，可是我没等他说，还是继续自我批评，这是有生以来第一次批评自己，我觉得感觉不坏。

"所以我继续下去：'我应该更谨慎些才好，你平时照顾了我不少生意，你理应得到最优质的服务，所以这图我得拿回去重画。'

"他赶紧摇头说：'不，不……不用那么麻烦。'他甚至开始称赞我，并诚恳地告诉我其实只需要小小的改动就完全可以了。他又申明这个错误不会对他的公司利益有什么侵害，不用顾虑太多的。

"由于我对自己的批评态度使他怒气全消。最后，他请我吃午饭，临走时，他签了一张支票给我，还给我介绍了另外一个设计的工作。"

愚蠢的人常会为自己的过错辩护，而勇于承认错误的人却会得到人们的原谅，并且给人一种谦恭的感觉。

假如我们是对的，就要巧妙婉转地让别人赞同我们的观点。相反，要是错在我们的时候，我们则要坦率地认错。这种方法不但效果卓著，而且在不少情况下，比同别人争辩更为有效。

别忘了那句老话："用争辩的方法，你永远无法得到满意的结果。可是当你谦让的时候，你可以得到比你所期望的更多。"

所以，要让人同意你的观点，第三条规则就是：

如果你错了，要迅速坦率地承担责任。

4. 使你走上理智的道路

早在100年前，林肯就曾有过类似的表述，他说："有句老话这么讲，'一滴蜂蜜比一加仑胆汁能捉到的苍蝇要多得多。'做人的道理与此相同，如果想让人们赞同你，就先要成为他忠实的朋友。这如同有一滴蜂蜜黏住了他的心，而这时宽畅、理智的大路就在你的面前了。"

当你在怒不可遏的情况下，对人发了一通脾气，心头愤懑自然会减少一些，可是对方又会怎样？你的快感他能感受到吗？你那挑衅的姿态，敌对的态度，他受得了？

威尔逊总统说："如果你握紧了两个拳头来找我，我可以告诉你，我的拳头会比你握得更紧。但如果你来找我这样说：'咱们好好谈谈，若有异议，我们不妨找原因看症结是在哪儿？'这样一来，我们就有商谈的余地，或许我们的距离并非不可逾越。耐心加上彼此的诚意，我们就能更接近。"

约翰·洛克菲勒对威尔逊总统这句话所含有的真理极为欣赏。在1915年的工潮中，洛克菲勒在科罗拉多州曾声名狼藉。那是美国工业史上流血最多、最令人震惊的大罢工，其影响竟长达两年之久。

愤怒的矿工们要求科罗拉多州煤铁公司提高工资，当时公司是由洛克菲勒负责的。那时公司财产遭到矿工的毁坏，于是军队开始镇压矿工。流血事件接连发生，不少矿工被射杀。

当时的气氛十分紧张，仇恨和愤怒的火焰延烧每一角落。洛克菲勒要在这样的情况下获得矿工的谅解显然非常困难，但他真的做到了。详情是这样的：

洛克菲勒用了数星期的时间结交朋友，然后他对工人代表们发表演说。这一篇杰出的演讲稿产生了惊人的效果，它把工人们的愤怒完全抚平了，甚至还赢得了不少人的赞赏。整个演讲过程中，他始终表现得非常和蔼真诚，让罢工者都陆续回到了各自的岗位。本来工潮的根源在于薪金问题，但这件最重要的事，大家却谁都没有提，哪怕是一个字。

这里就是这篇著名的演讲稿，注意它在语句间流露出来的真诚。

要知道，洛克菲勒这篇演讲的听众，是那些怒火中烧甚至扬言要把他吊在酸苹果树上的人，可是他对这些人讲的话却比医生、牧师更为谦逊和仁慈。

在这篇演讲中，他运用了这样的词句，诸如"能来这里，我感到很荣幸""我去拜访过你们的家人""见到你们的妻儿""我们在这儿见面，并不生疏，就像朋友一样""彼此间充满了友好互助的精神""为大家的利益""蒙你们的厚爱，我才能到这里来"，等等。

洛克菲勒的演讲是这样的：

> 这是我人生中值得纪念的一天，也是我第一次有这样的荣幸和公司方面劳工代表、职员及督察们聚在一起。不瞒你们说，这个聚会将使我毕生难忘。如果这个聚会是在两周之前，那么对你们中的大多数人来说，我简直就是个陌生人，即使有认识的，也确实为数不多。
>
> 在这两个星期里，我去了南区矿厂，与每位代表都进行了交谈，并拜访了你们的家人，见到了你们的妻子和孩子，所以今天在座的各位都已经是我的朋友，而不再是陌生人了。我很高兴能在这种友好互助的氛围之下有机会和大家一同商讨与我们共同利益相关的事。
>
> 此次聚会，包括公司的职员和劳工代表，我能来这里，皆承蒙你们的厚爱。虽然我不是公司职员，也不是劳工代表，但我觉得，我和你们的关系非常密切，因为我代表的是工厂的股东和董事会。

这不正是化敌为友的经典例证吗？

倘若洛克菲勒用的是其他方式：比如他同矿工们辩论，当着他们的面用可怕的事实和后果痛责、威胁或者恐吓他们，并严厉斥责他们在此次罢工事件上犯下的严重错误。如果洛克菲勒这样处理，你猜会出现什么情况？更凶猛的愤怒、更深广的愤恨必会进一步滋生，反抗也会愈加猛烈。

如果某人心里对你向来有积怨、成见，你就是磨破嘴皮也很难使他们认同你。采取强硬措施也只会把事情搞得更糟，对方定不会向你屈服。但是如果用诚心和温和的言语来化解，或许我们还有希望得到对方最终的认同。

早在100年前，林肯就曾有过类似的表述，他说："有句老话这么讲：'一滴蜂蜜比一加仑胆汁能捉到的苍蝇要多得多。'做人的道理与此相同，如果想让人们赞同你，就先要成为他忠实的朋友。这如同有一滴蜂蜜黏住了他的心，而这时宽畅、理智的大路就在你的面前了。"

商人们也开始发现以友善的态度对待罢工的工人远远比施加暴力更为值得。举例说明：

怀特汽车公司2500名工人为加薪而组织工会罢工的时候，公司负责人白雷克不仅没有斥责、恫吓，甚至于他都没有把此次罢工视为暴行。相反，他开始夸奖、称赞公司的员工，并在报上广而告之。

他发现罢工的纠察人员闲着没事，就去买了几套棒球，请他们在空地上打球。有爱玩保龄球的，他还专门租下了保龄球场。

白雷克和善的态度效果显著。那些罢工的工人，找来很多扫把、铁铲、垃圾车，自动打扫工厂四周的纸屑、火柴、烟蒂。试想，罢工者一边为加薪而进行斗争的同时，还一边帮助整理工厂四周的环境，这在美国历年来的劳资纠纷中实属少见。而整个罢工运动在不到一周的时间里双方获得和解，没有任何不快和正面冲突。

你可能永远不会被请去平息工潮。可是，或许这种方法可以帮助你减低你的房租。我们且看：

工程师司托伯觉得自己的房子房租太高，但据他所知，房东是个不好说话的老顽固。司托伯在讲习班上说：

"我写了信告知房东，我租约期已满，就要搬出公寓，其实我并不想搬，如果能减低房租的话，我愿意继续住下去。其实写了这样的信我并不抱太大希望，因为其他房客都试过了，结果也都失败了。他们说房东这个人很难沟通。但我转念一想，既然我正在学的就是如何和人沟通的课程，不如就此事运用一下，看看效果如何。

"房东接到我的信后，与秘书一起来看我。我在门口热情地迎接他。而且开始并没谈关于房租的事情，只是一直在说我对他这公寓有多么喜欢，包括我怎样欣赏他管理房子的方法，等等；同时我对他说，其实我本想继续住下去，但因为经济问题我也实在没办法。

"想必没有哪个房客以这样热情的方式欢迎过他吧，他一副受宠若惊、手足无措的样子。

"于是他向我提起他曾遇到的其他房客——他们对他总是埋怨，甚至有个房客曾写过14封信诋毁他。还有一位房客恐吓他说要是楼上的人睡觉还继续打鼾，他就立即取消租约。

"房东指着我说：'有你这样一位令人满意的房客，对我来说真是求之不得啊！'然后还没等我提房租的事，他就主动提出租金会减低一些。当我觉得他给出的价码我还是不能接受，于是我说出我能负担的价码，他二话没说就答应了。

"辞别时，他还问我：'如果房子有需要装修或者维修的地方就跟我说。'

"我如果当时也用了和以前的房客同样的方法来逼迫房东减租，我想我的遭遇肯定也好不到哪儿去。这次恰恰是热情、欣赏、同情的方法，才使我达到了预期的效果。"

许多年前我还是个不谙世事的小孩，那时我住在密苏里州西北部，每天必须光着脚丫走过一片树林才能到乡村学校。一天，我读到一个太阳和风的寓言。太阳和风都认为自己的力量更大，为此二者争执不下！风说："我立刻就能证明到底谁力量大，看到那个穿着大衣的老人了吗？咱们比试一下，看谁能让他更快地把大衣脱下。"

于是太阳躲进云里，风就使劲猛吹，可是那风刮得越大，老人把大衣朝身上裹得越紧。

最后风精疲力竭地停了下来。接着，太阳则从云彩里露出了头，朝老人温煦和蔼地笑，不一会儿只见老人额头上开始冒汗，身上的大衣也被他自己脱了下来。于是太阳对风说："仁慈和友善总是比暴力和愤怒更为有力。"

像寓言所昭示的那样，在遥远的波士顿城里，就发生了一件事。波士顿是美国文化教育的历史中心，小时候我从未奢望能够去那样的地方，而波士顿的 B 医生就在那时证实了这个寓言的真理。30 年后，他成为我的讲习班里的一个学员。B医生在班上这样说：

"在那个时候，波士顿一些报刊上充斥着一些说得神乎其神的小广告，都是一些自称堕胎专家的人和一些庸医登的，表面是说给病人带来福音，其实话里话外都是他们耸人听闻的话，恐吓病人，欺诈无辜的患者。不少人在堕胎后因为庸医的诊治反而丢了性命，可是他们却没能被依法治罪或者追究责任，金钱和政治背景让他们为所欲为却毫发无损。

"随着形势不断严峻起来，波士顿城内上流社会人士群起抗议，牧师们在讲台上抨击、痛责那些刊登污秽广告的报纸，他们祈求上帝能停止刊登那类广告。其他公共团体包括商会、妇女会、教会、青年会也都声援痛斥，然而一切照旧。州议会也开始了激烈的讨论，想使这种无耻的广告成为'非法'，但因对方的强大背景最终没有立法。"

那时B医生是一个基督教团体的主席，会员们使用了各种方法来对付这种医界败类，但最终都宣告失败，一切努力眼看就要付之流水。

有一天的午夜时分，B医生仔细分析了局势，突然想到了一个全波士顿人都没有尝试过的做法。他要试用友善、同情、赞赏的办法使报馆自动停登那一类的广告。

B医生给波士顿最著名的报社写了一封信，信中他述说了自己对该报长久以来的仰慕之情，夸赞报纸的内容翔实，新闻尖锐有见地，社论更是精彩，是每个家庭都必备的绝佳刊物。B医生还一再表示它是全州乃至全美最优秀的刊物之一。但他接着说：

"可是，我一位朋友告诉我说，他年幼的女儿，有天晚上看到贵报上的一则广告，是专门替人打胎的广告，因为某些词不明白就问她父亲那些字句的意思。结果我的朋友被问得窘迫至极，他不知道该怎么跟孩子解释。

"贵报在波士顿上流社会的家庭中是一份广受欢迎的读物。不知我朋友家里发生的情形，是否在别的家庭里也普遍存在？如果你有这样一个纯洁、天真的女儿，你想必也不愿意她看到这些广告吧？当你的女儿也问你同样的问题，你又该作何解释？

"贵报在别的方面均堪称完美，但却因这样致命的瑕疵常使做父母的不得不收回子女们翻阅贵报的权利。我个人对此深表遗憾，而数以万计的读者想必也都为此惋惜不已。"

两天后，这家报社的发行人给B医生回了信。这封信写于1904年10月13日，B医生把它保存了30多年之后，在讲习班上拿给我看。信

的内容如下：

> 本月11日由本报编辑交来你的一封信，诵阅之余，至为感激。贵函提到的问题正是本报一直以来有心革除但延宕至今未能实施的事。
>
> 自周一始，本报所有版面中那些不受欢迎的广告都将被大力封杀。至于暂时不能停止的医药广告，会经编辑谨慎处理后始行刊登，以避免引起读者的尴尬和反感为准则。
>
> 再次向阁下的指正表示衷心的感谢，本刊同仁均因此获益良多。
>
> 发行人海司格尔

伊索出生于基督降生前600多年，是希腊克洛赛斯宫中的奴隶，正是他编写了《伊索寓言》这部不朽的杰作。如同波士顿发生的事件一样，在2500年前的希腊雅典，他就已经用寓言的方式进行了人性的教育。太阳比风的力量更强大！因为慈爱和友善能比暴力的攻击更为有效地改变他人的意愿。

记住林肯提到的那句格言："一滴蜂蜜比一加仑胆汁能捉到的苍蝇要多得多。"想让人同意你的观点，别忘了运用第四条规则：

以友善的态度开始。

5. 苏格拉底的秘密

他的方法，现在被称为"苏格拉底辩论法"，就是以引导别人说"是，是"作为依据的。他问的问题，都是其反对者必定会同意的。他通过连续不断的发问，得到一个又一个肯定的答案，直到使反对者在不知不觉中对数分钟前还坚决否认的结论表示肯定为止。

与人交流时，不要上来就涉及彼此意见相左的问题，不妨把双方都赞同的事情首先提出来谈。而且要不断以这种求同存异的原则向下进行，如果可能，你更应该提出你的见解，让对方明白其实你们所追求的目标是一致的，只是操作方式上存在差异。

在谈话之初尽量引导对方连连说"是！是！"极力防止他说"不！"

欧弗瑞教授在他那部《影响人类行为》的书中说过："一个'不'字所造成的连锁反应，是最难克服的障碍。当一个人说出'不'字后，为了保持人格尊严，他就不得不把自己的观点贯彻到底。事后，即使他发现自己的观点和做法都是错误的，但这时考虑到自己的尊严，他已无法回头。所以最开始的时候，就引导对方往肯定的方向走，就显得尤为重要。"

有说话技巧的人，往往刚开始讲话便可以获得很多"是"的反应。唯其如此，才可能把对方引导至肯定的方向。这就像打台球一样，你撞球的方向如果稍有偏差，等球碰撞后分开的方向就会与你期待的方向大有出入。

从心理学角度来说明这个问题也同样鞭辟入里。当一个人说"不"字,并且没有说谎的情况下,他在说这个字的时候心理上往往特别坚决,接着他所有的身体器官包括神经、肌肉等也会相应呈紧绷状态,如此一来,拒绝的决心一旦形成便很难再重新更改了。相反,当一个人回答"是"的时候,身体则不会进入防御警惕的状态,各组织都为前进、接受、开放的状态。所以,谈话初始,对方"是"的回答越频繁,我们最后的建议则越容易被接受。

更多地引导对方多说"是"字,这本来是项极简单的方法,但人们却往往把它忽略了。人们似乎觉得上来就发出不一样的声音才能获得对方的重视,显示自己的与众不同。因此激进派和守旧派的人往往谈不到一块儿去,很容易一开始就针锋相对、怒火中烧。这样做其实根本就于事无补,如果说只是为逗一时之快便也罢了,若是彼此准备通过会谈真正解决问题,那这样做就太不值得了。

如果你使你的学生、顾客、丈夫或者是太太,一开始就说了"不"字,那么情况就会很不妙。即使你绞尽脑汁,以极大的耐性说服他们,想让他们回心转意都极不容易。

西屋公司的推销员艾力逊也讲了他的故事:

"在我负责的推销区域里,住着一位大企业家。我们公司极想与他谈成一笔生意。为此,10年来,我们公司的推销员不断努力希望能向他卖出我们的机器,但却屡战屡败,始终没能拿下这单生意。自我接管这个区域后,也已经在这个人身上下了3年的功夫,至今仍没什么结果。13年的不断关注和商谈之后，对方决定买几个发动机试试，然而我的期望是——如果这笔交易能够成功而发动机又没什么毛病的话，我们将拥有一张签下几百个发动机的订单。我心里有数，这些发动机根本就不会出什么故障。于是过了一阵子我便兴冲冲地上门拜访他了。

"但我显然是过于乐观了，负责接待我的工程师见到我就说：'艾力逊，你的发动机我们不打算再买了。'

"我心头一震，问：'出了什么事？'

"那位工程师说：'那些发动机太热了，我不能将手放在上面。'

"我知道争辩不会起任何作用。于是我决定引导他说'是'。

"我对那位工程师这么说：'史密斯先生，你的看法我完全同意。如果那些发动机过热，我也会劝你千万别买。发动机热度，当然不应超出电工协会所定的标准，是吧？'

"他点点头。我开始便得了一个'是'字。

"我又说：'电工协会规定，一架标准的发动机可以比室内温度高出华氏72度，是吗？'

"他表示同意，说：'没错，不过你的发动机可比这温度要高。'

"我没和他争辩，我只问：'工厂温度是多少？'

"他想了想，说：'嗯，大约华氏75度左右。'

"我说：'那就难怪了，室温就已经是75度，再加上72度，机体温度就高达147度。把手放进华氏147度的热水里，会不会觉得烫手？'

"他回答：'是啊，会的。'

"我建议说：'既然事情是这样，史密斯先生，你只要别碰那些发动机不就行了！'

"他同意了，还说：'我想你说的有道理。'闲聊了一会儿后，他把秘书叫来，为下个月订了3万多元的货物。

"这么多年过去，数万元的买卖达成之后，我才发现争辩是最不明智的做法。要站在对方的角度去思考问题，并引导他们往肯定的方向走，设法让其回答'是，是'，这样才能有所得，才更有意思。"

希腊大哲学家苏格拉底是个生性风趣的老顽童，他总是爱打赤脚，40岁就已经秃顶，可是他竟洒脱地娶了一个19岁的少女为妻。然而纵观古今，也没有几个人能与他对世人的贡献相比肩。他推动了人类文明的进程，至今仍被尊为这个纷扰世界中最有影响力的思想家之一。

他运用了什么方法劝导别人呢？他是否指责别人的过错？不，苏格拉底绝不会那样。

他的方法，现在被称为"苏格拉底辩论法"，就是以引导别人说"是，是"作为依据的。他问的问题，都是其反对者必定会同意的。他通过连续不断的发问，得到一个又一个肯定的答案，直到使反对者在不知不觉中对数分钟前还坚决否认的结论表示肯定为止。

下次我们要是想说服对方，不要忘了赤足的苏格拉底，去问对方一个能够获得其肯定回答的和缓问题。

中国人有一句充满东方智慧的格言，即："轻履者行远。"

有5000年悠久文明的那些博学的中国人，他们储积了许多像"轻

履者行远"这样的至理名言。

所以，想让人同意你的观点，第五条规则就是：

设法在谈话开始时得到对方尽可能多的肯定回答。

6. 如何应对他人的抱怨

如果你留心注意一下不难发现，即使是多年的老朋友，也喜欢跟我们说他自己的事情，而不是听我们絮叨自己的辉煌故事。

人们在急于想说服对方的时候，往往会滔滔不绝地说下去。尤其是推销员，更容易犯这个毛病。正确的做法是：尽量引导对方多说一些，他对于自己的事，自然要比你知道得多，所以你只需要问他问题就好，让他来告诉你一些事。

当他的话与你相左时，你可能会忍不住想打断他。但不要忘了，那样做非常危险。当他的话还没说完时，他是不会把注意力放到你的事情上的。因此你不如耐心聆听，而且要真诚地鼓励对方尽情诉说。

在商场上，这种策略是否奏效呢？下边要讲述的这个人就不得不做这样的尝试。

几年前，美国一家大型汽车制造商，正在接洽购买大批量的坐垫布以供下个年度所需。当时有3家厂商都希望能争取到这笔生意。这家汽车公司高级职员把3家送来的布样都验看后，便和3家厂商约定某日各派一位代表前来商谈，最后再做决定。

其中一家厂商的代表琪勃在商谈时正患着严重的喉炎。琪勃先生在我的讲习班上描述那天的情况：

"当轮到我去见汽车公司的高级职员时，我嗓子已经疼到说不出话的地步了。我被带进一间办公室，我需要和纺织工程师、采购经理、推销主任和那家汽车公司的总经理当面接洽。我站起来想说点什么，可惜根本无法正常发出声音。他们围桌而坐看着我，我只好迅速在纸上写道：'诸位，我嗓子哑了，说不出话。'

"那位总经理说：'那就让我来替你说说看了！'这位总经理于是从我的角度开始说起。他把我的样品摆开置于众人面前，说出这些样品的优点，于是他们的职员便就此展开了讨论。而那位总经理是以我的立场替我说话，所以讨论期间，他自然地帮着我。而我做的就是微笑着点点头或者做几个手势什么的。

"这个奇特的会议结束后，我们的布样被采用了，他们向我订购了50万码的坐垫布，价值160万美元，是我经手过的最大的一笔订单。

"这次其实是因祸得福，若不是我嗓子哑了，我得到那份合同的概率其实并不大，因为我对整个事态的观念有误。经过旁听对方的讨论后，我发觉让对方多说一些，尽情阐述他们的观点是多么有价值。"

纽约一个知名报业要招聘一位经验丰富、能力显著的人士，并在其报纸的经济版中刊登出一则篇幅很大的广告。柯白立斯也向该报业投了简历。几天后，他接到了面试的电话。于是他事先花了很多心思到华尔街打听该商业机构创办人的生平事迹。

面试时，柯白立斯说："能成为这样的机构中的一员，我将会十分自豪。听说28年前你们刚创业的时候，除了一间屋子、一套桌椅和一个速记员外一无所有，是不是真有这样的事？"

白手起家的成功者往往喜欢谈及早年拼搏的情形，眼前这位负责人显然也包括在内。他开始说起当年是怎样仅凭着450美元现金和一股创业激情就开始干起来的，期间经过了怎样的困难和失望，最后又怎样挺了过来……节假日也不休息，每天工作不下12个小时，最后又如何创业成功，时至今日，就连华尔街最有地位、身份的金融家都来向他请教。他为此非常自豪。最后他简单询问了柯白立斯的情况，便叫来他的副经理，说："我们需要的就是他了。"

柯白立斯花心思去了解他未来上司的成就和事迹，说明他关注的是对方的问题。而且他鼓励对方多谈他们自己，这样达成的效果其实是给对方留下了好的印象。

如果你留心注意一下不难发现，即使是多年的老朋友，也喜欢跟我们说他自己的事情，而不是听我们絮叨自己的辉煌故事。

所以，处事要低调，待人要虚怀若谷、谦逊和气，那样人们会更愿意跟你亲近。名作家考伯便是这样一个人。当一位律师问坐在证人席上的考伯："考伯先生，据我所知你是全美最著名的作家之一，是这样吗？"

考伯回答说："实在不敢当。"

我们应该谦逊，因为你我其实没什么了不起，百年之后，我们都将被彻底遗忘。生命如此短暂，不要总是提起自己那些微不足道的小小成就，以惹人厌烦。相反，我们应该多听听别人谈他们的成就。说白了，人其实没有什么可自夸的。

你知道吗？你之所以不是个"白痴"仅仅因为——在你的甲状腺里，有一种不值钱的碘质。哪个医生要是将你的颈项剖开取出那一点儿碘质，你便与白痴无异了。只需要很少的钱就能在西药房买到的一瓶碘酒,就是使你跟精神病院远离的东西。一个人的才智说起来就只是那么脆弱、卑微而已,你又有什么值得夸耀呢?

所以,想让人同意你的观点,第六条规则就是:

尽量鼓励对方多说一些。

7. 如何使人跟你合作

谁也不希望被迫去买一样东西，或是被人吩咐去做一件事。我们更倾向于按个人意愿买东西，或是依自己的心思去行事。同时，我们希望别人来征求我们的意见，关心我们的需要和想法。

比之于从别人那里听来的，你是不是更信得过自己的发现？果真如此的话，你若把自己的观点强加给别人，岂不是自讨苦吃的笨方法？相反，如果你只是简单提出自己的意见，随后引导启发别人自己得到你希望他得到的结论，效果就会非常好。

比如：我们讲习班上有一位来自费城的赛尔兹先生，突然觉得有必要给一群汽车推销员重整一下士气，因为他们看起来实在是精神涣散、令人沮丧。他把推销员们召集在一起，并让他们说出希望从他身上得到什么；会上，他把员工们的说法一一列在黑板上，然后他说："我会把你们所期望的这些做法和品质全部兑现，但同时我也希望你们告诉我，你们能展现给我什么呢？"很快就有人说出了令人满意的答案，即忠心、诚实、乐观、进取、合作、每天都保持积极的工作态度，甚至还有人决心要每天工作14个小时。会议结束后，员工们又重新燃起了工作的热情和信心，赛尔兹先生欣喜地说，他们目前的销货量激增，公司业务也是蒸蒸日上。

赛尔兹先生说："我和他们进行了一次精神上的交易，并且由此达成一种默契。我尽我所能地按他们期望的去做，他们也会尽力地对我信守诺言。刚开始我没有给他们直接提出我对他们的要求，而是通过让他们给我提要求，使他们更加严于律己。"

谁也不希望被迫去买一样东西，或是被人吩咐去做一件事。我们更倾向于按个人意愿买东西，或是依自己的心思去行事。同时，我们希望别人来征求我们的意见，关心我们的需要和想法。

举例说明：对威逊先生来说，他在弄明白这个道理之前，已经损失了无数佣金。威逊是一家服装图样设计公司的推销员。3年来，他几乎每星期都去拜访某位纽约顶级的设计师。"他从来不拒绝见我，"威逊说，"可我的图样从来都没有被采用，他每次在仔细看过图样之后都表示遗憾：'威逊先生，我想这次我们还是无法合作。'"

在被拒绝150次后，威逊隐约感到是为人方面出了问题，于是他决定每周抽出时间上人类关系学的课程，以发掘新思路，创造新机会。

不久，他决定尝试新方法。他拿着尚未完成的图样，去找那个设计师，对他这样说："请你帮我个忙，这里有几张草图，你希望怎样完成它才更符合你的意思？"

设计师对没完成的草图看了大半天，没表态，之后才说："威逊，先放在这儿，等我处理好了再来拿。"

几天后，威逊再到那里时，对方就图样怎样完成的问题给了他不少建议，后来这些按照买主建议画成的图样均被采用。

这事发生在9个月前，之后那位买主又订了10张图样，这些图样全是按照买主的意愿画成的。威逊因此就赚了1600多元的佣金。

"现在我终于晓得为什么以前会被屡次拒绝。那时我总是把自己以为不错的图样给他而不是按照他的喜好去画。但现在完全不同,我征求他的意见,完全按他的意愿行事。现在不用我推销了,他会主动来买。"

长岛有一位汽车商,成功地把一辆二手车卖给了一个苏格兰人,而他使用的也是这个方法。起初这位汽车商带那苏格兰人看了各种款型的汽车,把每一种车的性能、优势都对他做了详尽的介绍,并不断给出他认为合理的建议。结果买主却始终不满意,不是嫌这辆不美观,就是说那辆某个地方设计得不够结实很容易损坏,再不然就是嫌价钱太高。这位无可奈何的汽车商,便在班上问大家此事该怎么解决。

我们建议他不必告诉对方哪一种牌子的汽车更好,要让他自己拿主意。

过了几天,有一位顾客想把他的旧汽车换一辆新的,汽车商于是想到那个苏格兰人可能会喜欢这部汽车。他打电话跟那个苏格兰人说是请他帮忙给点建议。

那苏格兰人赶来后,汽车商说:"我想你肯定是个精明识货的买家,帮我给这部二手车估个价吧,以便我在交换新车时心里有数。"

那苏格兰人的脸上立刻有了笑意,看上去对被人请教这个事情很是得意。他坐进车内,驱车在附近兜了一大圈,开回来后他胸有成竹地说:"这部车子,如果你能以300美元买进,那就很划算了。"

汽车商问他:"如果我以这个价位转手卖给你,你是否要买下它?"300美元?当然要啦,那可是他自己的估价。于是这笔生意就这么成交了。

所以，想让人同意你的观点，第七条规则就是：

使对方以为那是他自己的主意。

8. 一个创造奇迹的公式

"如果我处在他的位置上，遇到那种境况我将做何感想，之后又会怎么做呢？"这样想过之后，你就不会花那么多时间烦恼了。了解到起因，结果就不会显得那么令人讨厌。另外，你为人处世的技巧也会随之提升不少。

一定要记住，对方也许错得一塌糊涂，但若他自己不承认，你也不要妄加评论。如果你为此斥责人家，那就太傻了。聪明人绝不会这么做，他会试着去谅解对方。

这个人之所以会那么想那样做，其中定有原因。我们把现象背后隐藏的实质原因找出来后，就会对他的行动、人格有进一步的了解。

设身处地地从他的角度考虑，你可以自问："如果我处在他的位置上，遇到那种境况我将做何感想，之后又会怎么做呢？"这样想过之后，你就不会花那么多时间烦恼了。了解到起因，结果就不会显得那么令人讨厌。另外，你为人处世的技巧也会随之提升不少。

古德在他那部叫《如何点人成金》的书中说过："停下一分钟，把你对你自己的事的在意程度，和对于他人的淡然漠视做一个比较，你就会发现，其实所有人都是如此的。然后你就会像林肯、罗斯福一样，把握住除监狱长之外的任何职业的坚实基础，即：想在人际交往上取得成功，关键在于你需要拥有一颗同情心。"

多年来，我大部分的消遣都是到离我家不远的一个公园里散步、骑马。我一向对树木和各种植被充满感情，所以当我看到小树被人为烧死或糟蹋，心里便十分难过。这些火并非由粗心的吸烟者引发，它们大多是因为来林间野炊的孩子们造成的，火势凶猛的时候还会惊动消防车来灭火。

公园边上的布告牌上写着："凡引发火灾者将受到罚款或监禁。"但因为布告牌设立的地方很偏僻，很多人都没注意到它。负责管理这公园的是一位骑马的警察，但他对工作显然很不认真，公园里的起火事件频频发生。

有一次，我急匆匆地去向警察报告，说某某处的火势不小，正在急速蔓延，我建议他最好立刻通知消防队。谁知他对此根本就没当回事，还说那不在他的管辖范围内，并不关他的事。既然如此，后来只要我骑马来公园，便把保护树木当成自己的事情去做。

起初，当我看到又有孩子们在树下野炊时，心里就很反感，且想立刻上前阻止，从没有从孩子们的角度想过一丝一毫。显然我那么做是不明智的。那时我以严肃的口气，要他们把火熄了，还吓唬他们否则就会被拘禁。我甚至威胁他们，若不听，我就会把他们抓走——当然那只是发泄怒火地说说而已，但那时我终究并没有顾及他们的感受。

结果怎样？

孩子们当时虽然并没有反抗，但显然心里并不服气，等我刚离开没多远，他们又重新生起火来，甚至还赌气想把整个公园都给烧掉。

多年后，我意识到我那套方法不行，必须多学点待人处世之道，尝试以一颗同情心站在别人立场上去看问题。于是，我放弃命令的口吻，再见到那些野炊期间玩得正高兴的孩子时，我会说：

"咳，孩子们，你们玩得还不错吧？野餐都做些什么呢？我像你们这么大的时候，也对野炊特别感兴趣，现在想起来还觉得真是难忘。不过你们可要小心，毕竟在公园里生火挺危险的，不过我一看就晓得你们都是乖孩子，不会闯祸的。但别的孩子们，就不一定有你们的素质了。他们看到你们生火玩得挺高兴，也跟着玩起火来，回家时万一忘记把火熄掉，周围干燥的树叶一烧着，可能整个树林就都得被烧了。如果不防微杜渐，公园里的树就会越来越少。而且公园里有规定，引起火灾是要被罚款或者监禁的。但我也不想让你们扫兴，相反，我希望你们玩得开心，让我想起我的童年。需要提醒你们的是，最好把干树叶扫开，别忘了野炊结束后在火堆上盖些泥土。如果你们下次再想玩时，我建议你们去那边沙堆上起火，好不好？那里应该不会有什么危险，孩子们，谢谢你们的合作！祝你们吃好，玩好啊。"

这样说的效果还真是不错！孩子们通情达理地跟我合作，没有抱怨和逆反心理，因为没有人强迫他们怎样怎样，我给他们留足了面子。那时我们双方彼此都很满意，因为我是以一颗同情心处理这件事的，并设身处地对他们的情况加以考虑了。

当我们请求别人做某件事时，不妨闭上眼睛，从对方的角度把事情先在脑子里过一遍！然后自问："他这样做的原因是什么呢？"没错，这样一来肯定耗时耗神。但随之而来的将是获得更多的友谊，减少彼此之间的摩擦和紧张气氛。

哈佛大学商学院院长陶海姆说:"跟一个人会谈前,我宁可在那人办公室外的走廊上来回踱上两小时整理思路,把他的反应都想好之后再进去,不会贸然去跟他谈的。"

即使你在读过这本书后所获得的只是这个习惯,这个凡事首先从对方角度考虑的思维倾向,那么你的人生也会因此而不同。

所以,想让人同意你的观点,第八条规则就是:

要善于从他人的角度思考问题。

9. 人人都喜欢的吸引力

> 真实的理由其实人人心里都有数，而人们大多都是理想主义者，所以总是倾向于强调那个冠冕堂皇的更为动听的理由。把握住这点，在你想要改变对方意志的时候，不如先激发起他心底里那种高尚的动机。

密苏里州有一个小乡镇是我的家乡，而附近的卡梅镇，就是当年美国黑社会的教父级人物奇斯·贾姆斯的故乡。我曾经去那儿拜访过，奇斯的儿子至今还在那里生活。

他的妻子告诉我，当年奇斯如何抢劫银行、火车；然后把抢来的钱分给贫穷的邻居，帮他们赎回典押出去的田地。

那时，在奇斯·贾姆斯的心目中，或许自以为是劫富济贫的豪侠式人物——正如多年后的苏尔兹、"双抢杀手"克劳雷和卡邦一样。事实上你遇到的任何一个人——甚至包括照镜子时你最常看到的那个人——都会高看自己，并把自己想象得分外高尚。

银行家摩根在他的一篇文章中精辟地分析道："当一个人做某件事时，通常有两个原因：一种是冠冕堂皇的，一种是出自本心的。"

真实的理由其实人人心里都有数，而人们大多都是理想主义者，所以总是倾向于强调那个冠冕堂皇的更为动听的理由。把握住这点，在你想要改变对方意志的时候，不如先激发起他心底里那种高尚的动机。

　　这种方法在商业中的运作是否理想？举个例子：弗利尔先生就职于宾夕法尼亚州某家房产公司，他有一次遇到个因为不满而声称要搬走的房客，但这房客的租约要到4个月后才到期，每个月的租金是55美元，可是他准备违约搬家。

　　弗利尔在我的讲习班上叙述了事情的经过，他说："整个冬季他都住下来了。要是他现在就搬，秋季之前房子很难再租出去。眼看这220美元就要打水漂了，真让人恼火。

　　"要是以前发生类似的事，我一定会让那个房客把租约拿出来好好看看，并要求他按照约定把剩下的4个月租金一次付清。

　　"但这回我没那么做，我是这么跟他说的：'杜先生，我听说你想搬家，但我相信那不是真的。我在这行干了这么久，看人一向很准，自打你搬到这儿我就断定你是个有信誉的人，而且现在我仍然这么想。'

　　"这房客静静地听着，我又接着说：'现在，我建议你不妨再考虑一下。从今天起，到下个月一日应缴房租前，如果你还是决定要搬的话，我会答应你，接受你的要求。那时，我只能承认是我自己的判断错误。不过，我对你很有信心，你会遵守合约的。'

　　"如我所料，这位先生月底时主动跑来缴房租。他跟我说，经过全家商议，他们不准备搬家了。他们认为，最光荣的事，莫过于遵守约定。"

已故的诺司克力夫爵士也曾遇到过一件令他不满的事，但他没有说真实原因，而是用了另外一种方式。他发现有一份报纸刊登了一张他不喜欢的相片，于是他就给报社的编辑写信说："因家母不希望那张相片公之于众，贵报以后请勿再次刊登。"由于每个人对自己的母亲都有敬爱之情，所以他知道这样说会激起对方的高尚动机，从而接受他的意见。

当约翰·洛克菲勒要阻止摄影记者拍他孩子的相片时，他没有表现出自己对此的反感，而是这样说："我相信你们之中有很多也是为人父母，肯定知道小孩子心智不成熟，让他们这样抛头露面，终究对他们的成长不利。"因为他知道每一个人的内心都愿意维护孩子幼小的心灵不受伤害。

柯迪斯本来是梅恩州一个贫苦人家的孩子，后来成为《星期六晚报》和《妇女家庭杂志》的负责人。在事业刚起步时，在稿酬上他比不过别家的报纸和杂志。因为刚开始创业，报纸的影响力也不能达到聘请一流作家撰稿的程度。但是为了获得高质量的稿件，他利用了这个激起对方高尚动机的方法。

比如当年他就请到了当时极受欢迎、风头正盛的作家奥尔科特为他撰稿。柯迪斯的做法很妙，他签了一张100美元的支票，并以作家的名义捐助给她最热心的一个慈善机构。

或许有人还是会表示怀疑："这种方法大概只会在诺司克力夫、约翰·洛克菲勒和情感丰富的小说家身上起作用吧，要是用在欠我款项的那些不可理喻的人身上估计就没那么顺当了。"

所以，如果你想获得人们的同意，并让他们按着你的意愿去行事，你需要遵守的第九条规则就是：

把对方高尚的动机激发起来。

10. 当你无计可施时，不妨试试这个

要想提高产能，最有效的方法就是刺激人们的竞争心理，但我所鼓励的竞争，并不是只知为钱的利益之争，而是单纯的、追求卓越的竞争。"

史华伯的下属里有一个厂长，他们厂的生产指标经常不能够按期完成。

史华伯便问："是不是有什么特别的原因？按说以你的才干，不至于完不成指标啊。"

厂长回答说："我也很纳闷。在员工身上，我用了各种方法，不管是好言好语的鼓励还是迫不得已的责备，连降职、撤职的话都说过，可是工人们在工作上就是提不起劲儿。"

谈话间，日班就要结束了，正是马上要上夜班的时候。

史华伯对那个厂长说："拿根粉笔给我。"转而就问身边的一个工人："今天你们这班完成了几个单位的任务？""6个。"工人回答说。史华伯没说什么，只是在地上写了一个大大的"6"就走了。夜班工人接班时，看到地上的字，就问日班工人是怎么回事。日班的工人说："大老板写的，他问我们今天完成了几个单位的任务，我说6个，他写在这里了。"次日一大早，史华伯又到工厂，发现地上的字已经被夜班工人改成了"7"。日班工人来了一看，感到夜班工人的工作效率竟比日班工人还强。于是他们立刻有了紧迫感，决心要超过夜班工人的效率。结果这天日班工人快下班时，在地上写了个神气活现的"10"字。接着这家工厂的情况开始

好转。

很快这家原来工作效率不高的工厂,变得比公司里其他任何一家工厂的效率都高。

这其实不难理解。正如史华伯自己所言:"要想完满地达成某个目标,就得激发起员工的斗志,让他们有一种赶超他人的欲望。"

对任何有血气的人来说,超越的欲望和挑战的心理无疑都是绝佳的驱动力。

所以,如果你想获得那些精神饱满、有血气的人的同意,请记住第十条规则:

提出挑战,激发斗志。

Lesson 4

Lesson 4
使人听从你的7种方法

1. 必须批评他人时，这是开始的方法

麦金利则发现这篇演讲稿虽然不无可取之处，但却不合时宜，很可能会遭到各种批评。麦金利很不忍心给他泼冷水，但又必须及时提醒他，于是他决定像理发师一样，刮胡子前先给对方敷上一层肥皂水。

柯立芝总统当政时，我的朋友在周末的时候受邀去白宫做客。一进总统的私人办公室，就听到柯立芝对他的一位女秘书说："今天你看上去很不错，真是个年轻漂亮的姑娘。"

这样的溢美之词，由平日沉默寡言的柯立芝总统说出来，很是让人吃惊。那位女秘书听后竟有些不好意思，脸上现出一片红晕。只听总统又说："不用难为情，刚才的话是为了让你不要对我下边的话太过手足无措。我希望你对公文的标点符号从现在起要多注意些。"

对女秘书的欲抑先扬，他虽然做得稍微明显了些，但其中心理战术的使用却可圈可点。毕竟在听到那些责备的话之前有些好听话铺垫一下，心里会更好受些。

替人刮胡子之前，理发师通常都先敷上一层肥皂水。而这项原理麦金利在1896年参加总统竞选时就巧妙地采用了。

那时候共和党内一位重要人士写了一篇自认为十分得意的演讲稿。他还兴致勃勃地到麦金利面前，特意把这篇演讲稿朗诵了一遍——他几乎觉得这会成为一篇不朽之作。麦金利则发现这篇演讲稿虽然不无可取之处，但却不合时宜，很可能会遭到各种批评。麦金利很不忍心

给他泼冷水，但又必须及时提醒他，于是他决定像理发师一样，刮胡子前先给对方敷上一层肥皂水。

麦金利说："我的朋友，再没有比这更杰出的演讲了，真是精彩绝伦。在许多场合中，我对你讲稿的评价都会是这样。但坦白地说，我不知道在这次的场合中它是不是依然适用。从你的角度来想，或许它滴水不漏，可是我们必须考虑党的立场，绝不能忽视它可能带来的任何影响。你现在依据我特别提到的几个要点回家重写一份，然后拿来给我看。"

那个人于是重写了一篇演讲稿。第二次写的这个稿子在经过麦金利修改后，使得那位党员在那次竞选活动中成为最有力的助选员。

1863年4月26日，这是内战最黑暗的时期，林肯的这封信就写在这一天。那时，林肯的将领们一连18个月都被迫撤退，联军屡遭惨败。一切都只是无用的、愚蠢的人类大屠杀。全国上下人心惶惶，战场上不断有临阵脱逃的士兵，参议院里有继而叛乱的共和党议员，林肯甚至被声讨离开白宫。

那时林肯曾说："现在似乎已走到绝望的边缘——甚至上帝也并不站在我们这一边，希望之光极为渺茫。"就是在这样混乱的时期，林肯写了那封信。

我专门提到这封信是想说明，当全国的成败命运都与一位将领息息相关时，林肯是如何设法改变这位固执的将军的。

林肯任职总统后，这恐怕是他措辞最严厉的一封信了。但你仍可注意到，在指出对方严重的错误前，林肯还是先称赞了这位霍格将军。

虽然那确实是不可饶恕的大错，却十分委婉，且落笔稳健，很讲外交策略。以下就是他写给霍格将军的信：

> 把你任命为鲍脱麦克军队的将领，这在我来说，当然有十分充足的理由。但我想让你明白的是，有些事，我对你的处理方法并不十分满意。你是一个有文韬武略的军人，这一点我毫不怀疑，同时这也是我一直深感欣慰的。我自然更不相信你会把政治和军事混为一谈，这方面你没什么错。你信心饱满，这是很可贵的品质。
>
> 而你的野心，在很多时候也是有益而无害的。但我需要指出的是，在波恩雪特将军领军之时，你的野心太过明显，且对他横加阻挠。无论是对国家，还是对一位功勋卓著的同僚军官，你的做法都实属谬误。
>
> 据可靠消息称，你曾说军队和政府需要一位独裁者。而事实上，我把军权都交给你，并不是这个原因，我也未曾想到这些。
>
> 假若你真的想被推为独裁的领袖，那也是在胜利之后拥有赫赫战功的时候。那时我纵然冒天下之大不韪，也会让你拥有独裁权。而眼下，军事上的胜利最为迫切和紧要。
>
> 政府将会像帮助其他将领一样尽其所能地支持你。而我很害怕你灌输于军中的那种对上司不信任的思想，会落到你自己

身上。这种危险的思想需要尽快消除,而我会全力帮助你。

这种思想若始终潜伏在军中,就是拿破仑再世,想必也会一筹莫展。所以现在切莫轻率推进,也无须过于匆忙,而是要稳扎稳打地奔向我们的胜利。

你既不是柯立芝,也不是麦金利,更不是林肯,这个方法对你的工作是否有什么特别的效应呢?举例来看:我曾在费城举办过讲习班,而费城华克公司的卡伍先生是班上的一个学员,他是像你我一样的普通人。下边的故事就是他在班上讲述的。

华克公司在费城承包了一座办公大厦的建筑工程,而且竣工日期早已确定。每一件事情都按部就班地依计划进行,眼看建筑主体就要完成了,谁知这时出了这种状况,负责大厦铜器装饰的承包商说他不能如期交货,这样整个工程进度将被迫拖延,而这也意味着,需要支付巨额的赔偿。

长途电话,激烈的争辩,都毫无用处!于是卡伍被派往纽约,与厂商当面交涉。

走进这位经理的办公室,卡伍这样说:"你知道吗?在勃洛克林市中,你的姓氏是绝无仅有的。"经理闻听此话,十分意外,他摇摇头说:"哦,是吗?我还真不知道这个。"

卡伍说:"刚下火车时,我查电话簿找你的地址,结果发现勃洛克林市里,叫这个名字的只有你一人。"

那位经理说:"这个我从来都没有留意。"于是他也颇有兴致地翻看电话簿,果然如此。然后这位经理充满优越感地说,"嗯,我的姓氏的确是不常见。我的祖先移民纽约已有200年了,而他们曾经生活在荷兰。"

接着他饶有兴味地谈起了他的家世渊源。

这个话题谈完之后，卡伍又真诚地称赞他们这个铜器厂的规模真大，而且还表示这是他见到过的各方面都非常完善的一家。

那位经理说："为了这个厂，我几乎花了毕生的精力，当然，这也是我引以为傲的。你想参观一下吗？"

参观期间，卡伍对工厂的组织系统啧啧称赞，还和其他同类工厂比较，并指出在哪些方面这个工厂更胜一筹，还称赞了其中的几种特殊机器，而那几种机器恰恰是经理自己的发明。他为向卡伍说明机器的性能和使用方法，花了很长的时间，后来竟坚持请卡伍共进午餐！而你也一定注意到，卡伍到目前为止，仍未提到此次的来意。

午餐后，那位经理说："言归正传。你此行的目的我自然很清楚。但我没想到的是，我们的会谈竟这样愉快。"他笑容可掬地接着说，"我向你郑重承诺，待你回费城后，货物会准时运达，就是因此做不成其他生意，我也在所不惜。"

卡伍为达到他的最终目的，并没有去争辩或是请求。而那些原本说是要延误的铜器，最后都如期运到，建筑也按时竣工。试想，假如卡伍像我们通常所做的那样严厉催货，结果会怎么样？

所以，要改变一个人的初衷，同时又不伤感情，避免对方难堪、反感的第一条规则是：

用称赞和真诚的欣赏做铺垫。

2. 如何提出批评才不致招怨

我们想劝阻一件事，永远要先躲开正面的批评，这是必须要记住的。

史华伯偶然到他的钢铁厂去，刚好碰到几个工人在抽烟，而"禁止吸烟"的牌子正挂在那里。史华伯有没有指着牌子斥责："难道你们不识字吗？"不，史华伯当然没么做。他只是拿出烟盒，递给每人一支，说："伙计们，别谢我给你们雪茄，要是你们到外面吸烟我就更高兴了。"工人们自知理亏——他们钦佩史华伯，因为众人不但没有受责罚，还得到了一支雪茄。这样的老板，你能不喜欢并为他效力吗？

范纳梅克是费城一家大商场的老板，他经营生意也喜欢用这个方法。一天，范纳梅克到公司巡视，见一位女顾客等着买东西，却没有一个售货员去招呼她。回头一看，原来售货员都在柜台另一头聊天说笑。范纳梅克没说什么，径自进到柜台里边，亲自招呼那位顾客。然后他把顾客要买的商品交给售货员去包装，然后就走开了。

1887年3月8日，布道家皮却牧师去世了。爱保德牧师在之后的那个礼拜日受邀登坛演讲。到皮却牧师曾经布道的地方演讲对爱保德来说压力不小。为了能使这次布道完美，他预备了一篇讲道稿。他把讲稿写了又写，改了又改，然后读给太太听。可是这个稿子并不理想。如果不是具有足够的修养和见解，他太太一定会说："爱保德，这讲稿简直一无是处，根本没法用——这要是真去布道，不把人给讲睡了才怪，它就跟课本内容似的；以你这么多年的布道经验，你该知道，为什么不自然一些？就像平常说话那样？"事实上她完全可以那么说！但后果怎样呢？爱保德太太肯定对此心里有数，所以她没直说，而是巧妙地暗示说，若《北美评论》刊登这篇讲稿，肯定会一炮打响。显然她一方面盛赞丈夫的杰作，同时却又表示这个稿子在布道的演讲中并不适用。爱保德懂得妻子的意思，于是把稿子撕毁，什么也没准备，就去讲道了。

我们想劝阻一件事，永远要先躲开正面的批评，这是必须要记住的。如果有这个必要的话，我们不妨去暗示对方。对人正面的批评，那会毁损了他的自重，剥夺了他的自尊。如果你旁敲侧击，对方知道你用心良善，他不但会接受，而且还会感激你。

所以要改变人们的想法，又不令对方反感，第二条规则是：

委婉地指出他人的过错。

3. 先说出你自己的错误

如果在批评别人之前，首先承认自己也并非十全十美、无可指责，然后再指出别人的错误，会使对方更容易接受些。

如果在批评别人之前，首先承认自己也并非十全十美、无可指责，然后再指出别人的错误，会使对方更容易接受些。

早在1909年，圆滑的布洛亲王就已深切领悟到此方法的必要性。当时在位的是德皇威廉二世。他高傲自大、目空一切，组建陆军、海军，准备与整个世界为敌。这时，一件震惊欧洲甚至整个世界的事发生了！德皇发表了一些可笑、自傲、荒谬的言论，最糟的是，当他做客英国时竟当众把这些令人难以置信的话说了出来，并允许《每日电讯》照原意在报上发表。

例如，他宣称自己是唯一对英国感觉友善的德国人；为了对付日本人，他正在组建海军。德皇还表示，如果不是他，英国定会遭到法、俄两国的威胁和屈辱；也正是因为他的讨伐计划，才使得英国的洛伯特爵士在南非战胜荷兰人。

在100多年来的和平时期，能这样语出惊人的欧洲国王，也只此一人。那时整个欧洲都骚动起来，举世哗然。英国人尤其愤愤不平。就连德国的政治家，也都震惊不已。

在这种情势之下，德皇本人也渐渐感到事态的严重。他暗示布洛亲王，想让他代为受过。是的,德皇想让布洛亲王向外界声明那些话都是他建议德皇说的,这些责任应由他来承担。可是,布洛亲王表示说:"陛下,不管是德国人还是英国人,恐怕都不会相信我能建议您说那样的话。"

布洛亲王话一出口,便即刻意识到自己犯了一个严重的错误。果然,德皇暴怒。他咆哮道:"没错,在你看来我是一头笨驴,你根本就不可能犯笨驴才会犯的错。"

布洛亲王深知应该在说刚才的话之前用赞赏铺垫一下,但为时已晚。他只好及时补救,让赞美的话紧跟着说出。果然这下挽救了局面。布洛亲王恭敬地说:"陛下,我的话绝无此意。陛下在各方面的学识比我不知要高出多少,无论是在海军知识上,还是自然科学方面,陛下都是首屈一指。每次谈到风雨表、无线电报等科学原理时,陛下总让我尤其钦佩。说来惭

愧，我自己对自然科学一窍不通，连自然现象也解释不清。但略可抵补的是，在历史、政治、外交方面还算差强人意。"

德皇脸上这才由阴转晴。布洛亲王说出了自己的不足，而称赞了他。就这样德皇宽恕了他，并高兴地说："正如我常跟你说的那样，你是我的左膀右臂，像你我一直以来所愿意做的那样，我们需要团结合作。"他不止一次同布洛握手。有一次他紧紧握着布洛的手高声说道，"谁要是敢说布洛不好，我将一拳挥过去打在他鼻子上。"

作为手腕灵活的外交家，布洛亲王总算是及时救了他自己！但他毕竟在一开始说错了话。他本应该先称赞国王的优点。提出自己的缺点，而不是暗示德皇是个智商低下的人。

让傲慢的德皇在盛怒之下逐渐缓和，最后还成为处处维护布洛亲王的真诚伙伴，这些都是用几句自谦和及时的赞扬办到的。试想，在日常交际中，谦逊和称赞将会对我们有怎样大的帮助呢？显然，如果使用得当，肯定能产生奇迹般的效果。

所以要改变一个人的想法，而不激起他的反感，第三条规则是：

要批评对方时，不妨先把自己的错误提出来。

4. 没有人喜欢接受命令

想让别人做什么事情时，询问的方式永远好过直接下指令。

我最近非常荣幸地同泰白尔女士一起用餐，她是美国最著名的传记作家。她得知我正在写这本书的时候，便和我谈起了"如何与人相处"这个重要问题。她提到在写杨欧文的传记时，曾访问一位与杨欧文先生一同办公三年的人。那人说，在这三年期间，他从没有听到杨欧文对别人说出过任何直接命令的话。杨欧文通常只是去建议，而不是下指示。

比如你不会听到他说"做这个，做那个"或者是"别做这个，别做那个"，他的措辞常常是："你不妨考虑一下"或是"你认为那个有效吗？"

当他写完一篇信稿后，会这样问："你觉得怎么样？"当他看过助理拟的信函，而又不大满意时，他这样说："你看我们来重写，是不是会稍微好一些？"他总是给人自己去做事的机会，给他们自主权，而不是指挥他们去怎么做，他希望他们能从错误中去获得经验教训。

杨欧文这样做其实会使人更容易面对自己的错误并改正过来，而同时还能使对方的自尊心不受伤害。这样对方也会更为真诚地与他合作，而非拒绝或背叛。

所以要改变一个人的想法，而不触犯他或引起他反感，第四条规则是：

想让别人做什么事情时，询问的方式永远好过直接下指令。

5. 让对方保全他的面子

已故的马洛先生很有些过人之处，他总是能让水火不容的对立双方最终和解。他的秘诀是什么呢？原来他通常都会很细心地把双方都有理的事实找出来，并大加赞许，直到双方满意为止。而且在解决问题的过程中，他对双方各自的错处都只字不提。

美国通用电器公司在多年前曾碰到这样一桩事情，就是他们打算撤去斯坦米兹的部长职位，这个问题显然比较棘手。

毋庸置疑，在电学方面，斯坦米兹在业界算首屈一指的人才。但身为会计部部长，他却无法胜任。但斯坦米兹这个人非常敏感，加之他毕竟是电学方面不可多得的人才，公司不想得罪此人，所以在这个问题的处理上非常小心。于是公司给他安排了同级调动，给他换了个新头衔——顾问工程师。

这使斯坦米兹本人非常高兴！

而通用公司的老总也很满意。因为他们在平和的气氛中，调动了一位有怪癖的高级职员——而他们之间，并没有发生任何不愉快的事。可见保全对方的面子何其重要！可是这些却是常人很少想到的。人们不遗余力地糟蹋别人的感情，挑剔别人的不足，威胁别人！当众批评他的孩子，他的员工！丝毫不考虑别人的颜面。

其实，我们稍微思考一下，说几句体恤的话，表示出自己的谅解，很多刺痛便可化解。

如果我们也需要辞退佣人或是雇员时，要想好该怎么做。

会计师格兰琪给我写过一封信，以下就是信的内容：

> 把雇员解聘，实在不是一件有趣的事，被辞退的人更是感到不好受。但因为我们的工作是季节性的，所以每年三月，注定要裁员。这一行有句俗话叫作"没有人愿意掌管斧头"。
>
> 于是行业中便逐渐形成一种愈迅速解决愈好的习惯。通常辞退雇员时，我总是这样说："你请坐，这一季过去了，我们已没有什么工作需要你去做了。当然，事先你应该也晓得，我们只是在忙不过来的时候，才聘请你过来帮忙。"这些话，会给对方造成一种被人抛弃的落寞感觉。这些人中，大部分都将终身做会计维持生活，因此他们对草率辞退他们的公司十分不满。
>
> 最近，当我又不得不裁员时，就开始用上一点儿技巧来跟对方谈这个事情，在把每人的工作成绩细看过后，才正式跟他们谈。我这样说："某某先生，这一季你的工作成绩很好。尤其是上一次，你被派到组瓦克城办的那件事，虽然很棘手，可是你干起来却井井有条，公司拥有你这样的人才，真是很幸运的事。你的才能决定了你无论到哪儿都会受欢迎。公司对你很有信心，而且永远支持你！"
>
> 结果那些人即使是被辞退，心情也不会很差，也不会有被遗弃的感觉。他们知道到忙碌的季节，他们还会被继续聘用的。果然到又一季我们再请他们来时，他们会首选来我们公司帮忙。

已故的马洛先生很有些过人之处，他总是能让水火不容的对立双方最终和解。他的秘诀是什么呢？原来他通常都会很细心地把双方都有理的事实找出来，并大加赞许，直到双方满意为止。而且在解决问题的过程中，他对双方各自的错处都只字不提。

每个仲裁者都懂得，保全双方的面子是多么重要。

事实上真正伟大的人物，不会只强调自己的成就。这一点也正是我们的第五条规则，即：

使对方的颜面得到保全。

6. 使错误看起来容易改正

当你想让对方改正错误，或者想让对方办事时，别忘了用鼓励，让他感觉到那并不是什么难事。

我有一个朋友 40 岁了还是单身，好在不久前他总算订婚了。但他的未婚妻让他去学一个对他来说勉为其难的技能：跳舞。关于学跳舞的经历，他这样跟我说：

"上帝，我确实得学学跳舞，因为我现在的水准比 20 年前刚开始学跳舞的时候没有任何提高。而第一位教我跳舞的老师，一眼便发现了这个问题，她告诉我说，我的舞步简直是一团糟，需要从头学起。她说的或许没有错，但我听了之后就没什么心思继续学下去了，所以我辞掉了她。

"我聘请的第二个老师对我说的话很可能言不由衷，但是我很喜欢跟她学跳舞。她轻描淡写地说，我的舞步略显旧式风韵，基本步调没什么问题，而她还表示，时兴的舞步对我这样程度的学员来说并不难应付。

"第一个老师上来就把我学舞蹈的热情给熄灭了，第二个老师则重新激发起我对舞蹈的兴趣，并不断地称赞我，使我确信自己能够跳好，从而减少了我舞步上的错误。甚至，她还肯定地告诉我，说我有不错的韵律感，本该是个天才的舞蹈家。这样的夸赞并没有让我飘飘欲仙得忘记我其实只是个不入流的舞者，但我心里却暗暗希望真是如此。或许那只是她教课的策略，她拿了学费后需要的措辞，但那又何妨呢？

"毕竟在她说我有不错的韵律感之前，我的进步远没有现在这么快。

正是她那句话鼓励了我，让我充满希望地积极进取，不断改进。"

对你的孩子、丈夫，或是你的员工，说他在某事上不可救药、毫无天赋，他做的没有任何价值，那你就彻底毁了他本来奋发向上的心志；但用与之相反的态度去对待，多鼓励他们，暗示他们其实想做好并不难，让他感受到你对他的信任，你对他潜在能力的期许，他肯定会全力以赴地把事情做到完美。

人类关系学领域中一位伟大的艺术家汤姆士就是这样做的。他总是给你信心，成全你，用信任来给你鼓劲儿。

例如，最近我常和汤姆士夫妇共度周末。周六晚上，他们约我一起玩桥牌游戏。桥牌？这游戏对我来说简直是个谜，我对它完全一窍不通；"不，不，我不会！"我坦白地说。

汤姆士则说："戴尔，没有你想象的那么深奥，只要会记忆和判断就行了，没有什么特别的技巧。你不是还发表过一篇关于记忆的文章吗？所以这桥牌你一学就会，说不定玩起来了还很在行呢！"

正是因为汤姆士说我有玩这种游戏的天赋，我平生第一次玩桥牌，却并没有什么畏难情绪。

桥牌游戏，总能让我想起一个人，他就是克白逊。只要是玩桥牌的人，都应该听说过这个人。他的关于桥牌的著述，被译成12种语言，销量达百万册。就是这样一个人物，他后来跟我说，当年若不是有一个少妇夸他有玩桥牌的天赋，他肯定与桥牌无缘。

1922年他初到美国时，本想找一个教哲学或社会学的工作，但一直没有如愿。

无奈，他只好去推销煤，结果失败了。

继而，他又去推销咖啡，也是毫无收获。

那时，他根本就没有要去当桥牌老师的念头。他虽然牌术平平，却十分固执；而且还会问对方各种麻烦的问题，结果几乎没人愿意和他搭伙玩牌。

直到一位美丽的桥牌老师狄仑的出现。当时，狄仑发现他在玩牌时习惯于分析自己手里的牌，就说他在玩桥牌方面很有天分。而克白逊说，正是那句鼓励，使他最终成为职业的桥牌专家，而那位女教师后来成了克白逊太太。

所以，如果你要改变人们的意志而不触犯之，或是引起他反感，第六条规则是：

当你想让对方改正错误，或者想让对方办事时，别忘了鼓励，让他感觉到那并不是什么难事。

7. 使人们乐意做你建议的事

你建议的事，永远使对方心甘情愿地去做。

人际关系处理中有一项重要的规则，即：你建议的事，永远使对方心甘情愿地去做。

威尔逊总统在邀请麦克杜做他的内阁成员时，也运用了这项规则。入阁本是他能给任何人的最高荣誉，可是威尔逊总统的做法，让别人感觉到自己格外重要。麦克杜追溯此事时说："威尔逊总统说内阁成员正在拟定中，如果我能应邀担任财政部长一职，他会非常高兴。他的话让我感到很愉快，使我觉得只要我点头答应就不仅拥有了荣誉，而且还帮了他大忙。"

我认识一个人，总是不断地被邀请去演讲，因此，他必须拒绝不少人。来邀请他的，通常都是朋友，交情都很不错。按说拒绝谁都不太好，但他每次都拒绝得很巧妙，使被拒绝的一方依然感到满意。

他是怎么做到的呢？是直接说因为太忙？或是为这、为那？不，都不是。他在表示被邀的感激和不得不拒绝的抱歉同时，会给对方一个不错的建议，让他去请另外一个演讲者来代替。这样，当对方还未来得及失望，便已经奔赴下一个可行的目标了。

他是这样建议对方的："考虑一下邀请我的朋友《勃洛克林鹰报》的编辑洛格斯先生去参加演讲怎么样呢？你有没有考虑伊考克先生也是合适的人选？他曾旅居巴黎15年，当欧洲通讯记者的他肯定有不少传奇经历。

或者那位郎法洛先生，关于印度打猎的影片，他可是津津乐道呢。"

纽约万特印刷公司的经理万特想在不引起对方反感的前提下改变一位技师的工作态度。这位技师负责管理若干台打字机和其他日夜不停在运转的机器，他时常对过长的工作时间和大量的工作充满抱怨，他想要一个助手。

但万特先生并没有满足他的这些要求，却使这位技师以饱满的工作状态投入了同样的工作。知道是怎么回事吗？其实万特的做法很简单，他给了那位技师一间私人办公室。办公室外面挂的牌子上面写着他的名字和头衔"服务部主任"。

这样一来，他不再是别人随意使唤的修理匠了。他成了部门主任，这种地位的提升，使他感到自己很重要，理应承担这么多责任，因此便没有再抱怨了。

很幼稚吗？也许吧，但拿破仑就曾经使用过这样的方法。当初在他训练荣誉军时，曾给他的士兵颁发过1500枚十字徽章，封他的18位将军为"法国大将"，称他的军队为"伟大的队伍"。人们那时讥笑他拿"玩物"给那些出生入死的老军人，拿破仑却说："没错，人有时会受玩物的控制。"

拿破仑这种把头衔或封号授予别人的方法，其实对你同样有效。

人性若此。

所以你要改变他人的意志，而不引起他的反感、抱怨，第七条规则是：

使对方心甘情愿地去做你建议的事。

Lesson 5
创造奇迹的信件

看到这个题目,我敢打赌,你肯定在想:"'创造奇迹的信件'?真是好笑,那简直就是卖狗皮膏药的小广告!"

我丝毫不会怪你会产生这种想法。因为假如是15年前的我自己,看到这样的字眼也会有同样的念头。是不是会有质疑?好吧,我喜欢擅长提出质疑的人。20岁以前,我一直住在密苏里州,对那些凡事都不轻易相信的人,我非常喜欢。正是因为有这些提质疑和问题,并敢于挑战未知的人,人类文明才有今天。

老实说,"创造奇迹的信件"这样的命名准确吗?

嗯,其实,并不准确。

标题把事实轻描淡写了!有些信件所获得的效果,是奇迹的两倍。是谁下了这样的结论?这个评语出自丹克,他是美国一位最著名的推销专家,曾担任敏维尔公司的推销主任,现在是比德公司的广告主任,同时还任全国广告联合会的主席。

丹克先生说,以他以往寄给代理商的询问函件所得的复函率来看,不到发出信函的8%,如果有15%则可视为特殊情况。他还说,如果想让回信比例达到20%,那几乎就可谓奇迹了。

但是本章将要提到的这封丹克写的信,回信率竟达到42.5%,用丹克的话说,就是"奇迹的两倍"。你别发笑,这封信有这样的效果并非偶然,也有许多其他的信获得了同样的效果。

丹克这样讲述他写出这封信的经历:

"在我听了卡耐基先生讲习班的课程后,信件得到回复的数量立即增加,我才意识到过去我使用的方法完全不对路。卡耐基先生讲的每个原则我都认真实行，结果我发出的信件收到的复函，竟是原来的五到八倍那么多。"

下边就是那封信。这封信是让对方帮忙的，信里的语气使对方有一种受到高度重视的感觉，随之便很愿意为发信人做一点儿事情，括号里的话是我对信的注释。

亲爱的勃莱克先生：

敢问阁下是否愿意帮我解决一个小困难？

（让我们把背景先交代清楚。远在亚利桑那州的一个木材商，某天收到纽约敏维尔公司一位高级职员的来信；而信一开头就提到这位高级职员有一事相求。对亚利桑那州的那位木材商的反应我们不难想见，他八成会自言自语道："好吧！如果纽约那位先生有事情要我帮忙，那他算找对人了。让我看看他遇到了什么难题。"）

去年，我曾使公司相信，正是由于公司实行了直接通讯，并且费用由公司承担这种方式，各家木材代理商的销售才有了更好的效果。

最近，我寄往各商家的询问函件有1600封，目前我收到他们的复函已有数百封，表示他们对这项合作非常赞成。

因此，我们又完成了一项直接通讯的计划，相信阁下会喜欢的。

可是，今天早晨公司总经理跟我谈到关于去年所实施计划的报告，并问我关于营业额方面的情形如何。所以这就需要阁下的帮助，我才能获得相关资料。

（"这就需要阁下的帮助，我才能获得相关资料。"这句的措辞很好，诚如这位纽约高级职员所说，他把远在亚利桑那州的代理商的地位一下提到了某个高度。显然，丹克没说任何关于公司命令多重要的话。而是暗示对方，没有对方的赐予和帮助，一切都无从谈起。丹克还向对方表明，自己目前是多么需要对方，否则无法交差。自然谁都喜欢听这类话。）

需要阁下帮忙的事：一、请你在来函附上的明信片上，告诉我去年有哪些生意是由直接通讯成交的。二、把收入总额报上来。如蒙阁下协助，我会非常感激。阁下所提供的资料，我也将十分珍惜，在此先感谢阁下的好意。

推销部主任丹克谨启

一封简单的信函，不是吗？但它的效果却不可小觑，本来是请对方帮忙，但从语气中却成了让对方赐予协助，这样会使对方有很不错的感觉。

富兰克林也曾用这种方法化敌为友。年轻的富兰克林曾把所有的积蓄都投在一家小型的印刷厂中，他想设法当选费城议会的书记，这个职务能使他承揽到公家的印刷生意。不用说，这个位置对他来讲极有诱惑力。可是要想被推举成功，前方还有一个大障碍，议会中有个最富有、最有权威的人，他极不喜欢富兰克林，非但如此，他甚至还在演讲中公开斥责富兰克林。

这对富兰克的当选很不利，因此富兰克林必须要赢得此人的好感！

可是事情操作起来并不容易。暗地里帮助那个人？不，这种做法只会引起对方的怀疑，没准儿还会被对方瞧不起！

聪明的富兰克林不会那样,他不但没有去帮那个人,相反,他请那个仇人帮他的忙。

富兰克林向那人借10美元?当然不是,富兰克林所求之事,必须能够触动对方的虚荣心,使他觉得自己备受尊重。富兰克林用这样的求助巧妙地表示了对他的智识和成就的赞赏。

富兰克林回忆说:

"我听说他藏书颇丰,而其中有一本罕见的奇书。我写了一封信给他,表示很希望能看到他收藏的那本书。

"我问他能否帮我这个忙,把书借给我看几天。他很快差人把书送到我那儿,一周后,我如期还给他,同时还附上另一封信,除感激他的

帮忙之外，还盛赞这本书。

"等后来我们在议会中又碰面时，他竟然开始彬彬有礼地跟我打招呼——这在以前是绝无仅有的事。自此，他表示只要我有事相求，他随时愿意效劳。后来，直到他过世，我和他一直都是很好的朋友。"

富兰克林去世已有100多年了，可是他生前使用过的这种心理战术，即请人帮忙的方法，迄今为止依然有效。

这里有丹克的另一封信，看这种"帮我一个忙"的心理战术，他是如何运用的。

数年前，丹克先生一直为寄给商人、包工、建筑师的信没有回音而苦恼。

那时，他收到的回信数目仅是去信数目的1%；即使2%的回信都算好的；如果是3%的话，那就更好了；10%呢？那就称得上是奇迹了。

不过下面的信，却收到了50%的回信，是他心目中那个奇迹的5倍，而且那些回信都是有两三页充实内容的长信啊！复信往往都是以满含友善的建议与合作的态度写就的。

以下是原信内容，注意他使用的心理战术和一些措辞上的技巧，这封信和之前引述的那封大致相同。

不妨在看信时，试着揣摩一下收信人的心理感受，分析分析为何它会有高出奇迹五倍的效果。

亲爱的杜先生：

不知你能否帮我一个忙？

去年，我曾向公司建议：建筑师们十分需要一本商品目录，上边详列本公司所有的建筑材料和用途说明。

这次我们公司将首次提供此项服务，商品目录已随信寄出。

只是公司的存书不多，虽然我要求再版的建议没有遭到否定，但是公司提出再版时需要有充分的资料，使书的内容趋向完善。

而资料的获取方面，我将请你和全国其他49位建筑师做我的评判员。

为了不给你添更多的麻烦，几个简短的问题已在信的末尾列出，如蒙赐答，不胜感激；回邮也已附上，敬请回复。此书能否根据你的宝贵经验和意见加以修订再版，全都仰仗阁下的帮助。

但不管事情进展得如何，我都将为阁下的积极合作表示诚挚的感激。

丹克敬上

我的忠告是：机械地运用这种心理战术是不明智的。因为据我的经验来看，很多人看过这种效果良好的信后，经过效仿，却没有相应的好结果，这是因为他们不是唤起对方的自尊心，或者真诚地欣赏对方，而是急功近利地讨好对方。这种东施效颦的谄媚、虚伪自然不会有效果。

不要忘记：人人都渴望被人欣赏、重视，为此他们愿意做任何事情；但是没人会对言不由衷的奉承感兴趣。

我要强调一下：书中的各项原则，在实行中的前提是，发自真心。我不希望人们只是把它当成一种技能去操作，而不付出真心。要知道我一直在谈的，始终是一种蓬勃向上的全新的生活方式。

书目

001. 唐诗
002. 宋词
003. 元曲
004. 三字经
005. 百家姓
006. 千字文
007. 弟子规
008. 增广贤文
009. 千家诗
010. 菜根谭
011. 孙子兵法
012. 三十六计
013. 老子
014. 庄子
015. 孟子
016. 论语
017. 五经
018. 四书
019. 诗经
020. 诸子百家哲理寓言
021. 山海经
022. 战国策
023. 三国志
024. 史记
025. 资治通鉴
026. 快读二十四史
027. 文心雕龙
028. 说文解字
029. 古文观止
030. 梦溪笔谈
031. 天工开物
032. 四库全书
033. 孝经
034. 素书
035. 冰鉴
036. 人类未解之谜（世界卷）
037. 人类未解之谜（中国卷）
038. 人类神秘现象（世界卷）
039. 人类神秘现象（中国卷）
040. 世界上下五千年
041. 中华上下五千年·夏商周
042. 中华上下五千年·春秋战国
043. 中华上下五千年·秦汉
044. 中华上下五千年·三国两晋
045. 中华上下五千年·隋唐
046. 中华上下五千年·宋元
047. 中华上下五千年·明清
048. 楚辞经典
049. 汉赋经典
050. 唐宋八大家散文
051. 世说新语
052. 徐霞客游记
053. 牡丹亭
054. 西厢记
055. 聊斋
056. 最美的散文（世界卷）
057. 最美的散文（中国卷）
058. 朱自清散文
059. 最美的词
060. 最美的诗
061. 柳永·李清照词
062. 苏东坡·辛弃疾词
063. 人间词话
064. 李白·杜甫诗
065. 红楼梦诗词
066. 徐志摩的诗

067. 朝花夕拾	100. 中国国家地理
068. 呐喊	101. 中国文化与自然遗产
069. 彷徨	102. 世界文化与自然遗产
070. 野草集	103. 西洋建筑
071. 园丁集	104. 西洋绘画
072. 飞鸟集	105. 世界文化常识
073. 新月集	106. 中国文化常识
074. 罗马神话	107. 中国历史年表
075. 希腊神话	108. 老子的智慧
076. 失落的文明	109. 三十六计的智慧
077. 罗马文明	110. 孙子兵法的智慧
078. 希腊文明	111. 优雅——格调
079. 古埃及文明	112. 致加西亚的信
080. 玛雅文明	113. 假如给我三天光明
081. 印度文明	114. 智慧书
082. 拜占庭文明	115. 少年中国说
083. 巴比伦文明	116. 长生殿
084. 瓦尔登湖	117. 格言联璧
085. 蒙田美文	118. 笠翁对韵
086. 培根论说文集	119. 列子
087. 沉思录	120. 墨子
088. 宽容	121. 荀子
089. 人类的故事	122. 包公案
090. 姓氏	123. 韩非子
091. 汉字	124. 鬼谷子
092. 茶道	125. 淮南子
093. 成语故事	126. 孔子家语
094. 中华句典	127. 老残游记
095. 奇趣楹联	128. 彭公案
096. 中华书法	129. 笑林广记
097. 中国建筑	130. 朱子家训
098. 中国绘画	131. 诸葛亮兵法
099. 中国文明考古	132. 幼学琼林

133. 太平广记
134. 声律启蒙
135. 小窗幽记
136. 孽海花
137. 警世通言
138. 醒世恒言
139. 喻世明言
140. 初刻拍案惊奇
141. 二刻拍案惊奇
142. 容斋随笔
143. 桃花扇
144. 忠经
145. 围炉夜话
146. 贞观政要
147. 龙文鞭影
148. 颜氏家训
149. 六韬
150. 三略
151. 励志枕边书
152. 心态决定命运
153. 一分钟口才训练
154. 低调做人的艺术
155. 锻造你的核心竞争力：保证完成任务
156. 礼仪资本
157. 每天进步一点点
158. 让你与众不同的8种职场素质
159. 思路决定出路
160. 优雅——妆容
161. 细节决定成败
162. 跟卡耐基学当众讲话
163. 跟卡耐基学人际交往
164. 跟卡耐基学商务礼仪
165. 情商决定命运
166. 受益一生的职场寓言
167. 我能：最大化自己的8种方法
168. 性格决定命运
169. 一分钟习惯培养
170. 影响一生的财商
171. 在逆境中成功的14种思路
172. 责任胜于能力
173. 最伟大的励志经典
174. 卡耐基人性的优点
175. 卡耐基人性的弱点
176. 财富的密码
177. 青年女性要懂的人生道理
178. 倍受欢迎的说话方式
179. 开发大脑的经典思维游戏
180. 千万别和孩子这样说——好父母绝不对孩子说的40句话
181. 和孩子这样说话很有效——好父母常对孩子说的36句话
182. 心灵甘泉